안재홍의 민족운동 연구 2

안재홍의 민족운동 연구 2

초판 1쇄 발행   2022년 12월 31일

저   자 ㅣ 김인식 · 윤대식 · 오영섭 · 방유미 · 손환 · 하정희
편   자 ㅣ 민세안재홍선생기념사업회
발행인 ㅣ 윤관백
발행처 ㅣ 선인

등록 ㅣ 제5-77호(1998.11.4)
주소 ㅣ 서울시 양천구 남부순환로 48길 1, 1층
전화 ㅣ 02)718-6252 / 6257   팩스 ㅣ 02)718-6253
E-mail ㅣ sunin72@chol.com

정가   17,000원
ISBN   979-11-6068-764-4   94900
        978-89-5933-496-4   (세트)

· 잘못된 책은 바꿔 드립니다.

※이 책은 평택시의 후원으로 제작하였습니다.

민세학술연구총서 012

안재홍의 민족운동 연구 2

김인식 · 윤대식 · 오영섭 · 방유미 · 손환 · 하정희 지음

민세안재홍선생기념사업회

 선인

책머리에

올해는 민족지도자 안재홍이 태어난 지 131주년이 되는 해이다. 안재홍은 1891년 11월 경기도 평택에서 태어나 국내 민족운동을 이끌며 1919년 대한민국 청년외교단 사건을 시작으로 조선일보 필화, 신간회운동, 군관학교 사건, 조선어학회 사건 등으로 9차례 걸쳐 7년 3개월 옥고를 치른 독립운동가였다. 또한 시대일보 논설기자, 조선일보 주필·사장, 해방 후 한성일보 사장을 지낸 언론인이자, 일제식민사관에 맞서 한국고대사 연구에 몰두하고 다산 정약용의 『여유당전서』를 교열·간행한 사학자였다. 민세는 해방 후에는 건준 부위원장, 좌우합작 우측대표, 미군정청 민정장관, 2대 국회의원 등으로 통일 민족국가 수립에 헌신했던 정치가였다.

1980년대 중반 이후 본격적으로 시작된 안재홍 재조명 학술연구 사업은 그동안 역사학, 정치학, 언론학을 중심으로 연구가 진행되어왔다. 최근에는 교육학, 문학, 체육학 등 다양한 분야로 연구가 점차 확대되고 있다. 이는 당대 다사가(多事家)라는 별명을 가진 안재홍이 다양한 분야에 걸쳐 많은 글을 썼기에 가능한 일이기도 하다.

이 책에 게재되는 논문들은 2021년 (사)민세안재홍선생기념사업회가 주관하고 평택시가 후원한 「제15회 민세학술대회: 안재홍의 민족운동연구 2」의 연구 결과를 정리한 것이다. 이 책에 수록된 5편의 논문들을 요약하면 다음과 같다.

김인식은 「대한민국 정부수립과 안재홍」에서, 안재홍은 남한에 수립되는 단독정부가 민족사의 정통성을 획득하려면, 남한에 민주역량을 강화하여 진정한 민주주의를 정착시킬 수 있는 세력이 신정부 수립의 주체가 되고, 이들이 통일정부를 세우는 주도력이 되어야 한다고 인식했으며 제2차 미소공동위원회가 결렬된 이후 5·10선거를 거쳐 신생 대한민국정부가 수립되기까지, 안재홍의 신국가건설운동은 대한민국 정부수립의 주체를 결집하려는 활동이었다고 분석했다.

윤대식은 「조선의 사마천을 꿈꾼 안재홍의 정치적 책무, '통사(通史)' 쓰기」에서 안재홍의 상고사 연구와 '통사' 저술은 '왜 역사를 알아야 하는가?'라는 근본적인 의문에 대한 답변으로 의의를 지니며 안재홍에게 '민족'은 당대 '민중'이었고, 민족주의는 민주주의와 동의어였다고 평가했다. 민족이 앞서야 투쟁과 해방의 주체가 설정될 수 있고, 그들에 의해 역사적 필연으로써 해방과 민족국가 건설이 이루어질 수 있으며, 그 운영원리는 민주적이어야 한다는 안재홍의 이상은 상실된 공적 영역의 회복과 새로운 공적 영역에서 보존되어야 할 가치를 우선한다는 점에서도 공적(公的)이었다고 주장했다.

오영섭은 「이승만과 안재홍 : 독립과 건국을 위한 협력관계」에서 이승만과 안재홍은 일제강점 전반기에 협력관계를 유지하면서 한국의 자강기반 구축과 독립을 위해 노력하였으며 태평양이라는 지리적 장벽을 사이에 두고 있던 두 사람을 하나로 단단히 묶어준 것은 기독교민족주의, 서울YMCA와 민족운동가 이상재와의 각별한 인연, 그리고 한국의 독립문제였다. 이러한 공통점을 바탕으로 두 사람은 당대 한국 지도자들에게 부과된 시대적 과제인 조국의 독립과 건국을 이루기 위해 분투하였다고 결론지었다.

방유미는 「1920년대 안재홍의 기행수필 연구」에서, 안재홍은 비타협적 민족주의자로서 일본의 식민지배에 관해 저항적인 면모를 보여 왔으며 그의 기행수필은 민족 정체성의 토대를 구축하는 데 조선 민중들의 '현실 생활'에 초점을 두고 지역의 가치를 재발견한 글쓰기로 경성이나 대도시 중심이 아니라 조선 전국토를 고른 시선으로 바라보며 지역적 가치를 재발견했다고 평가하고 있다.

손환·하정희는 「민세 안재홍의 스포츠 활동」에서, 안재홍의 일제강점기 스포츠 활동은 스포츠단체의 회장, 정구와 축구 등의 각종경기대회를 주관하는 대회장과 대회사, 무도강연, 자신의 건강증진과 체력향상을 위해 중앙체육연구소 회원 참여 등을 확인할 수 있으며 광복 후에는 대한민국을 국제사회에 알릴 수 있는 1948년 런던올림픽대회에 출전하는 선수단의 경비마련을 위해 조직된 올림픽후원회 회장을 맡아 한국 최초로 올림픽후원권을 발행했다고 평가하고 있다.

안재홍기념사업회는 2000년 창립 이후 꾸준하게 민세 관련 학술대회를 지속적으로 개최하고 관련 연구내용을 정리해 민세학술총서로 발간해왔다. 이는 일제강점기와 해방공간에서 다양한 활동과 함께 방대한 글과 자료를 남긴 민세 안재홍의 삶과 정신을 재조명하는 목적사업을 충실하게 추진하고자 하는 실천에서 나온 소중한 결과였다. 앞으로도 민세학 정립을 위한 학술출판사업은 꾸준하게 추진될 것이다.

민세 학술연구총서의 꾸준한 발간은 '민세 정신'의 선양과 재조명 사업에 애정을 아끼지 않는 평택시의 한결같은 후원에 힘입었다. 본 발간사업을 지원해주신 정장선 평택시장님과 묵묵히 보훈정신 선양에 힘써온 복지정책과 보훈팀 담당자들께도 거듭 고맙다는 말씀을 드리고 싶다. 도서출판 선인의 윤관백 사장님은 2011년부터 사업회와 좋은 인연을 맺고 매년 민세학술연구 총서를 꾸준히 발간해 주셨다. 윤 사장님과 편집기획자 여러분께도 깊은 감사의 뜻을 전한다.

2022년 11월 30일
민세 선생 탄생 131주년을 기억하며
민세학술연구 총서 12권 편집위원 일동

차례 | 안재홍의 민족운동 연구 2

대한민국 정부수립과 안재홍

- 정부수립 주체론을 중심으로 -

김인식 (중앙대학교 다빈치교양대학 교수)

대한민국 정부수립과 안재홍

- 정부수립 주체론을 중심으로 -

김인식 (중앙대학교 다빈치교양대학 교수)

1. 머리말

제2차 미소공동위원회마저 파열되어 한국문제가 유엔으로 이관되자, 미국과 소련의 합의에 따른 통일민족국가수립은 사실상 불가능하게 되었다. 미국이 주도하는 남한만의 단독선거가 단독정부수립으로 이어지는 정세를 예고하면서, 통일민족국가수립을 지향하며 민주독립당·민족자주연맹으로 결집하였던 중간파의 정치노선도 분화되었다. 이는 크게 세 부류로 나눌 수 있다.[1] 첫째, 단독정부를 애초 거부하고 통일정부를 세우려는 대의에 따라 남북지도자 연석회의(이른바 남북협상)에 참석한 뒤 북한에 잔류한 홍명희[2] 계열. 둘째, 남한단독정부를 사실상의 정통정부로 인식하면서도 남북협상에

---

1) 김인식, 「1947년 안재홍의 '순정 우익 집결' 운동」, 『韓國史硏究』 제124호, 韓國史硏究會, 2004.3, 237쪽.

2) 홍명희의 통일민족국가수립운동은 강영주, 「홍명희와 남북연석회의」, 『역사비평』 계간43호, 역사비평사, 1998.5; 강영주, 『벽초 홍명희 연구』, 창작과 비평사, 1999.11 의 제3·4장을 참조.

참여하고 단독정부에는 '불참가 불반대'의 태도를 밝힌 김규식[3] 계열. 셋째, 민주독립당 · 민족자주연맹에 참여하였으나 분단정부의 불가피성을 수용하고, 중간우파를 결집시켜 단독정부수립을 주도하면서 통일정부수립의 기반을 조성하려 하였던 안재홍[4] 계열의 현실노선이 있었다.

제2차 미소공동위원회가 결렬될 조짐을 보이며, 미소협조가 절망으로 치닫던 1947년 9월경부터, 안재홍은 미국이 '남조선 단독조치'를 죄어치는 정세를 예견하면서 사실상 남한단독정부수립이 불가피한 현실임을 이미 내심 수용하였다. 문제는 '초계급적 통합(통일)민족국가'라는 그의 정치이상과 노선을 끝내 포기하지 않으면서도, 남한단독정부가 통일민족국가를 지향하여 나가는 현실책을 마련하는 데 있었다. 이의 요체는 결국 정부수립의 주체를 설정하는 문제로 귀결되었다.

미소공동위원회가 최종 파열되는 10월경 남한단독정부수립이 현실화하는 상황에서, 안재홍은 '순정우익'의 개념을 제기하며 중간우파를 정치세력화하려 하였다. 단독정부수립이 가시화하는 국내외 정세에서, 이에 대응 · 대비하는 중간파의 현실노선이 있었음을 안재홍에게서 확인해 보려 함이, 이 논문의 첫 번째 목적이다. 이를 위해 제2차 미소공동위원회가 결렬되고 단독정부수립이 제기되는 지점에서, 안재홍이 '순정 우익 집결'을 외치는 배경과 논리를 먼저 살펴보았다.

1948년 2월 말에서 3월 초 남한단독선거-단독정부수립은 이제 기정사실이 되었고, 안재홍은 민족주의 진영에게 5 · 10선거에 참여하자고 호소하였다.

---

[3] 김규식의 통일민족국가수립운동은 우사연구회 엮음, 서중석 지음, 『남 · 북협상 · 김규식의 길, 김구의 길』, 한울, 2000.8을 참조.

[4] 김인식, 앞의 논문; 김인식, 『안재홍의 신국가건설운동 1944~1948』, 선인, 2005.1의 제7장을 참조.

제2장에서는, 그의 5·10선거 참여론, 대한민국정부가 들어선 무렵을 전후하여 '차선으로서의 대한민국'에 정통성을 부여하는 논리, '재야당적 민족주의 진영'을 '초계급적 통합민족국가'를 실현하는 기반으로 설정하고 '비판적 지지'를 제안하는 논지를 검토하였다.

2. 제2차 미소공동위원회 결렬과 '순정 우익'론

1) 민정장관 취임과 '순정우익'론의 원형

안재홍이 남한단독정부 수립에 대응하여 '순정우익의 집결'을 외친 때는 제2차 미소공동위원회가 최종 결렬된 1947년 10월경이었다. 그러나 '순정우익' 개념의 원형과 구도는, 그가 민정장관에 재임할 무렵 이미 구상되어 있었다. 안재홍이 1947년 2월 민정장관에 취임한 배경은 "南北統一政府樹立이 不幸遲延된 情勢에서 出發한 것"으로, 이의 목적은 "軍政部面에 있어서의 一黨專政的인 傾向을 防止하면서 政治의 民主化에 努力"하는 데 있었다.[5] 그는 행정권 이양을 전제로, 정치의 민주화 -> 민생문제 해결 -> 남북통일된 진정한 민주주의 독립국가 완성을 단계성의 과제로 인식하였다.[6]

안재홍이 민정장관에 취임한 동기에는, "그때 이전 (제2차 미소공동위원회

---

[5] 안재홍은 1948년 6월 8일 민정장관 퇴임성명을 발표하면서 자신이 민정장관에 취임한 배경과 목적, 재임 동안의 노력과 성과를 언급하며 소회를 밝혔다. 『東亞日報』·『京鄉新聞』(1948.6.9.)[國史編纂委員會, 『資料大韓民國史』 7, 國史編纂委員會, 1974.12, 267~268쪽에서 재인용]. 앞으로 『資料大韓民國史』를 『資料』로 줄임.
[6] 「(公翰)하지司令官에게 보낸 公翰·民政長官 辭意(一次)」(1948.3.23), 安在鴻選集刊行委員會 編, 『民世安在鴻選集』 2, 知識産業社, 1983.2, 252쪽. 앞으로 『民世安在鴻選集』을 『選集』으로 줄임.

가 열리기 이전 : 인용자) 美蘇共委는 좀체로 다시 아니 열릴 것으로 보았으며, 美蘇協調 멀어지고 南北統一의 民主政府 樹立이 늦어진다고 하면"이라는 상황 판단이 깔려 있었다.[7] 그는 민정장관에 취임할 무렵, 한국문제가 ① 미소공동위원회에서 결말을 보아 통일정부수립이 순조롭게 진행되느냐, ② 아니면 미소공동위원회가 끝내 재개되지 않아 유엔 방식으로 해결되느냐[8]—아직 이때는 분단정부보다는 군정의 장기화에 대비하였다—하는 두 가지 방향성을 상정·예측하였다.

안재홍의 현실노선은 두 번째 가능성에 무게를 두면서, 양자 가운데 어느 쪽으로 진행되든, 반드시 실행해야 할 민족진로의 공통분모를 집약하였다. 이는 "民政首腦部에 앉아, 韓國의 獨立을 원조하는 美國의 軍政으로 하여금 民意에 가까운 政治가 되도록 협력하고, 民主主義 民族陣營의 政治土臺가 바로잡히도록 노력하는 것",[9] 즉 미군정에게서 행정권을 완전히 이양받고, 이를 기반으로 삼아 정치의 민주화를 마련하는 일이었다. 안재홍에게 '정치의 민주화'란 이상론이라기보다는 이승만·한국민주당 계열의 '一黨專政'을 방지하는 과제와 맞물려, '민주주의 민족진영'을 강화하는 현실론을 가리켰다. 이를 위해서는 미군정이 표방하는 행정권 이양의 과제, 무엇보다도 민정장관의 권한을 명실상부하게 강화하는 행정권 일원화가 급선무였다.

---

7) 「白凡 政治鬪爭史 - 臨政歸還부터 平和統一運動까지」(1949.8. 『新太陽』), 『選集』 2, 442쪽.

8) 안재홍은 취임식 후 미국 기자단과 비공식 인터뷰를 가졌는데, 이 자리에서 그는 "한국의 영원한 독립을 보장하는 문제는 유엔에 달려 있다. 그리고 미국과 소련군의 철수는 동시에 이루어져야 한다."는 견해를 밝혔다. 정윤재, 『다사리공동체를 향하여 - 민세 안재홍 평전』(한울, 2002. 12), 151·230쪽. 이러한 의견은 미소공동위원회에서 한국문제가 해결되지 않을 경우 유엔에서 처리될 가능성도 있음을 미리 내다본 견해였다.

9) 「白凡 政治鬪爭史」, 『選集』 2, 442쪽.

안재홍은 비록 軍政 상황이지만, 행정권을 완전히 이양받아 미군정하의 자치정부10)를 실현하고, 이로써 장래의 독립국가 건설에 대비하려 하였다. 1947년 4월 4일 남조선과도입법의원 · 군정청 부처장 · 미군 측 3자를 대표한 위원회는 군정청기구개혁안을 입안 · 검토한 끝에, 13部 · 官房(3處) · 3院制의 개혁론에 합의를 보아 러취(Archer L. Lerch) 군정장관에게 제출하였는데,11) 이는 눈여겨볼 필요가 있다.

이 제안은 기존의 부서들 외에 외무부 · 내무부와 민정장관 직속의 관방(3처)을 신설하라고 요구하였는데, 여기서 외무부나 관방은 독립국가에서 볼 수 있는 정부직제였다. 이를 보면 민정장관직을 한 국가의 수상 또는 국무총리의 지위로 강화시킴으로써, 자치정부를 사실상 독립국가의 정부활동에 비교될 만한 차원으로 격상시키려 하였다. 물론 이러한 정부조직 개혁안은 미군정이 거부하여 실행되지 않았지만, 안재홍은 끊임없이 내정개혁을 요구하였다. 이러한 성과의 하나가 미군정청 안의 한인관리들이 책임을 맡고 있는 입법 · 행정 · 사법 기관을 '남조선과도정부'로 호칭하도록 한 일이었다.12) '남조선과도정부'는 명칭상의 독립에 불과하였으므로, 이로써 안재홍이 본디 목표하였던 바를 성취했다 할 수 없지만, 그의 지향점은 충분히 확인할 수 있다.

---

10) 1947년 4월을 전후하여 '자치권'의 문제가 부각되었다. 군정장관 러취는 4월 4일 조선인의 자치권을 강화하기 위한 명령을 발표하였는데, 이는 "第一目的은 朝鮮人에 依하여 運營되는 自主獨立 統一朝鮮政府의 樹立"이라는 요지를 담고 있었다. 『朝鮮日報』 · 『京鄕新聞』(1947.4.5.)[『資料』 4(1971.12), 518~520쪽].

11) 『朝鮮日報』(1947.3.29, 1947.4.6), 『京鄕新聞』(1947.4.4.), 『東亞日報』(1947.4.5.)[『資料』 4, 518쪽].

12) 정윤재, 앞의 책, 169~170쪽.

2) '남조선 단독조치'와 안재홍의 시국대처방안

본디 중간파는 좌우합작의 결속력을 자주력의 기반으로 삼아, 미국과 소
련이 협조할 수 있는 국내의 지형을 만들어 미소공동위원회를 성공시키려
하였고, 이로써「모스크바 삼상회의 결정」이 규정한 민주임시정부를 수립하
려 하였다.[13] 그렇기에 미소공동위원회가 재개되기를 대망하던 중간파가 제
2차 미소공동위원회에 거는 기대와 희망은 실로 컸다.[14]

1946년 5월 8일 제1차 미소공동위원회가 무기휴회에 들어간 지 거의 1년만
에 미소공동위원회가 재개되어, 1947년 5월 21일 제2차 미소공동위원회가 개
막되었다. 그러나 제2차 미소공동위원회는 개막 당일부터 제1차 때의 판박
이로 출발하였으며, 교착 상태를 거듭하다가 10월 21일 끝내 파열되었다.

안재홍은 제2차 미소공동위원회가 열리는 시점에서도 만약 이것이 실패
한다면 '미국의 남조선에 대한 단독조치'가 필연화하리라 예견하였지만,[15]
제2차 미소공동위원회가 결렬되는 사태를, 한민족이 미·소 양국의 수중에
서 양분되는 전조임을 통절하게 인식하였다. 미소공동위원회가 아직 최종

----

13) 유병용·김인식·남광규,「해방 전후 중간파 민족주의의 성격」,『한국정치외교사논
   총』제29집 1호, 한국정치외교사학회, 2007.8, 6쪽.
14) 안재홍은 제2차 미소공동위원회가 '美蘇 最後의 平和的 折衝'이라고 보았고, 또 "美蘇
   協調下에 南北統一 되어 美蘇 등 共同保障 밑에 새 祖國의 完全 獨立이 育成 强化되
   어야 할 것이라고 믿고 있는 터이었으므로", "되도록 美蘇共委에 政治的 故障을 아니
   일으키게 하는 것"을 '큰 關心事'로 추진하였다.「白凡 政治鬪爭史」,『選集』2, 442쪽.
15) 제2차 미소공동위원회가 개막되자, 안재홍은 이의 성공을 위해 노력해야 한다고 한국
   민에게 호소하면서, "美國의 南朝鮮에 대한 單獨措處란 것이 불행 피치 못할 事勢로
   된다고 하고 보면 그는 朝鮮의 瓜分의 永久化를 의미하는 것입니다."고 경고하였다.
   「(放送)美蘇共委와 朝鮮人의 態度 - 美蘇 第二次 共同委員會 開幕에」(1947.6.6 서울中
   央放送),『選集』2, 187~192쪽. 이를 보면 안재홍은 1947년 6월부터 '남조선단독조치'
   를 예견하였다.

결렬을 선언하지는 않았으나, 9월 16일 미국이 한국문제를 유엔으로 넘기자, 그는 "美蘇는 협조되는가, 필경 破綻되는가."[16]고 물으며, 한국문제를 결정할 국제정세의 갈림길을 측량하였다. 양자택일하는 대답은 어렵지 않았으나, 이에 따른 대응책을 마련함은 결코 쉽지 않은 일이었다.

미소공동위원회가 파열로 치닫던 1947년 8·9·10월, 난국을 타개하려는 안재홍의 중심 화두는 '시국대책'이었다. 이의 요체는 이제 현실화하는 '남조선 단독조치'에 대응하여 마땅히 민주세력으로 정부를 구성하고, 다시 궁극에서 통일정부를 지향하는 방안을 찾는 데 있었다. 그는 지금까지 미소공동위원회의 진행 과정을 지켜보면서, '미소 협조'로 이어지는 순항보다는, '필경 파탄'할 난항에 대비하였다.

안재홍은 국내외 정세가 이미 남한단독정부를 수립하는 쪽으로 돌았음을 통찰하고, 이를 수용하면서 두 가지 방향에서 '시국대책'을 강구하였다. 하나는 민정장관이라는 자신의 직위를 활용하여 미군정·미국정부를 설득하려 하였다. 그는 민정장관직의 한계를 절감하였지만 최선을 다하였다. 또 하나는 자신이 민정장관의 지위에 있으므로, 표면에서 중심에 나설 수 없었으나 중간파의 정치세력화를 꾀하는 일을 지원하였다.

우선 미군정을 상대한 정책상의 대응책을 살펴보자. 트루만(Harry S. Truman) 대통령의 특사로 웨드마이어(Albert. C. Wedemeyer)가 방한하는 무렵인 9월 한 달 동안, 안재홍은 남조선단독조치에 대응하는 자신의 시국대책 방안을 작성하여, 미군정·미국정부을 설득하며 또한 한국민중에게도 호소하였다. 그가 직접 작성하거나 또는 관여한 문건은 모두 4건이었다.[17]

---

16) 「美蘇共委의 不成功과 時局對策」(1947.9.23 民政長官 명의의 성명), 『選集』 2, 193쪽.
17) 안재홍이 직접 작성한 2건의 문서로 민정장관 명의의 공한과 시국대책안이 있으며, 이 두 문서를 작성하는 사이 한국민을 향한 성명서 하나를 직접 방송하였다. 「시국대

이들 문건의 요체는, 일단 남한단독정부수립을 현실로 수용한 전제 위에서, 남한에 민주역량을 성장·강화시켜 남조선이 통일민족국가를 완성하는 주도역량이 됨으로써 통일건국을 완성하자는 데 있었다. 안재홍은, 이승만·한국민주당 계열로 대표되는 '극우 보수' 세력이 장차 수립될 남한 정부에서 주도권을 장악함을 막고, 중간우파 세력이 신정부의 주축을 이루어야만 대중들을 좌익의 유혹에서 차단하여 공산주의를 방지할 수 있다고 강조하였다. 그는 8·15해방 후 '극우 보수' 세력이 행정·사법·경찰 등 모든 분야에서 권력을 장악하고 군정을 사실상 지배하였으므로, 민중들이 군정에 대항하는 공산주의자들의 음모에 동조하였음을 분명하게 지적하였다. 그가 미국정부와 한국 민중에게 호소하고픈 한마디는, 남한에 진정한 민주주의 세력을 육성하고 민주역량을 강화하라는 말이었다.

이러한 안재홍의 논지는 웨드마이어에게 보낸 9월 2일자 공한[18]에서 분명하게 나타나는데, 이는 남한단독정부수립에 대응하는 그의 최초의 시국대처 방안이었다. 제2차 미소공동위원회가 파국으로 치닫던 8월 말,[19] 안재홍은 웨드마이어가 방한한 정황[20]을 주시하면서, 미국의 대한정책이 '남조선 단독 조치'로 기울었다고 판단하였다. 웨드마이어 사절단은 8월 26일 내한하여

책요강」은 과도정부의 명의로 제출하였으므로 그가 작성하였다기보다는 이에 관여하였다 함이 옳다.

[18] 「(英文)웨드마이어(公翰)」(1947.9.2), 『選集』 2, 586~590쪽. 『選集』에는 이 공한의 날짜가 1947년 8월 2일로 되어 있는데, 이는 오자인 듯하다.

[19] 안재홍 자신이 "一次美蘇共同委員會 또는 二次의 그것이 드디어 실패되어 一九四七年 八月 끝에는 美蘇協調에 의한 南北統一 獨立完成은 절망이라고 단념하게 된 것이다."고 밝혔다. 「美蘇와 韓國의 將來」(『開闢』 통권80호, 1948년 12월호), 『選集』 2, 387쪽. 1947년 8월 말은 바로 웨드마이어가 방한한 시점이었다.

[20] 웨드마이어 사절단이 방한한 목적은 鄭容郁, 「미군정기 웨드마이어 사절단의 방한과 미국의 대한정책 변화」, 『東洋學』 第30輯(檀國大學校 東洋學硏究所, 2000.6)을 참조.

9월 3일 이한하였는데, 이 짧은 기간에 안재홍은 남조선 단독조치에 대응하는 시국대책을 숙고하였다.

그런데 이 공한은, 남조선과도정부 정무회의가 작성하여 웨드마이어에게 제출한 정세보고서와는 별개의 시국대책방안이었다. 안재홍은 민정장관 (Civil Administrator)의 명의로 이를 웨드마이어에게 보냈다. 여기서 염두에 두어야 할 바는, 안재홍이 남조선과도정부의 행정부 수반인데도, 정무회의의 공식보고서 이외에 민정장관 명의로 따로 공한을 보내야 하는 이원성이, 과도정부가 민정장관을 중심으로 일원화되지 못한 현실을 반영하며, 바로 이 점이 그가 '순정우익의 집결'을 외치는 출발점 · 동기였다는 사실이다.

안재홍이 표면의 정무 행위 말고도 이면에서 미국정부를 향하여 민정장관의 지위로 충고하는 이중의 정치행태는 「시국대책요강」에 서명한 뒤에도 반복되었다. 행정권이 미군정에 종속되고, 그나마 한국민주당 계열이 군정의 실권을 장악하여 실세화함으로써 민정장관이 무력화된, 즉 행정권의 이원화는 「시국대책요강」에도 반영되었다. 안재홍은 한국민주당 계열이 정무회의의 실권을 장악한 판도가 고대로 새로운 정부수립에 이어진다면, 이는 국정의 파탄임을 이미 흠씬 절감하였다. 그가 시국대책의 첫 번째 요항으로, 행정태세를 민정장관으로 일원화하라고 요구하면서, 무엇보다도 경찰행정을 민주화하려는 절박감도 여기서 연유하였다.

웨드마이어에게 보낸 공한에서 안재홍은, 미국의 반공주의에 호소하는 방식으로 미국정부를 설득하려 하였다. 남한에 진정한 민주정부가 수립되어야만 공산주의를 방지할 수 있는데, 이를 위해 '보수극우 세력'(conservative extreme right wing)이 다시 등장하여 새로 수립될 남한 정부에서 주도권을 장악하는 현실을 매우 경계해야 한다고 강조하였다. 무엇보다도 조선인민공화국을 제압하기 위하여 '보수극우 세력'을 등용한 미군정의 오류를 비판하였다. 이들 보수세력이 군정을 사실상 지배하였으므로, 공산주의자들이 군정에 대항하자 대중이 이에 호응하여 좌경화하는 계기가 되었음을 상기시키면서, 만약 새로운 정부에서 '보수극우 세력'이 권력을 잡게 된다면 큰 위험을 초래하게 된다고 강하게 경고하였다. 안재홍은 중립의 정치성향(neutral political leanings)에 대중들이 모이도록 유도함으로써, 즉 중간우파 세력이 남한 정부의 주축이 되어야만 대중들을 좌익의 유혹에서 차단할 수 있음을, 이것이 최선의 방책임을 간곡하게 충고하였다.

웨드마이어가 이한한 지 10여 일 지난 1947년 9월 16일 미국은 한국문제를 유엔으로 이관하였다. 웨드마이어가 다녀간 후 '남조선단독조치'는 이제 가시화된 현실이 되었으므로, 안재홍의 중심 화두는 더욱더 단독정부에 대응하는 '시국대책'으로 집중되었다. 그는 민정장관 명의로 9월 23일 「미소공위의 불성공과 시국대책」이라는 성명을 발표하였는데,[21] 자신이 구상하는 바를 한국민중을 향하여 직접 호소하는 공개된 방식으로 미군정을 압박하였다.

안재홍은 위의 성명에서, 만일 미·소가 최종 협조하지 않아 '남조선 단독조치'로 되는 경우, 남조선만의 보통선거를 앞두고 민중을 진정한 민주주의 노선으로 영도하여 남조선과도정부와 협력케 함이 중대한 국책임을 강조하였다. 이러한 그의 시국대책을 한 마디로 말하면 민정장관을 중심으로 한 남조선과도정부 강화론이었다. 그는 남조선과도정부를 사실상 정부화함으로써 새 정부수립의 기틀을 다지고, 유엔의 지원 아래 새로 수립되는 남한의 정부가 통일국가를 완성하는 '主導力量'을 가지고, "南北을 통한 主軸的 民主力量을 성장시켜서 統一建國의 體勢"를 갖추어야만 한다고 강조하였다.

이를 위해 안재홍은 5가지 '과업'을 제시하였는데, 가장 중요한 첫 번째가

---

21) 「美蘇共委의 不成功과 時局對策」, 『選集』 2, 193~197쪽.

"行政機能의 一元化와 强力化"로, "行政權 移讓의 本旨에 準하여 民政長官 중심으로 政務體勢의 一元化가 요청된다."고 하였다. 이는 한국민주당이 '군 정의 여당화'한 현실을 염두에 둔 시정책이자, '정치의 민주화'를 이루기 위한 전제 조건이었으며, 그가 민정장관에 취임한 이래 줄곧 관철시키려 하였던 일순위의 과업이었다. 이 첫 번째 과업은 "眞正한 民主主義 세력의 옹호 육성 과 그에 대한 民衆의 趨向集結을 유도할 것이다"라는 두 번째 목표와 직결되 었다. 이때 '진정한 민주주의 세력'은 '진보적 민족주의 세력'과 같은 뜻으로, 곧 '순정우익'이란 개념으로 귀결되었다. 이러한 시국대처 방안은, 진보민족 주의 세력이 확고하게 주도역량으로 정치세력화 하여 남조선과도정부를 기 틀로 삼아 새로운 남한단독정부를 수립하고, 이 정부가 통일국가를 수립하는 주도역량이 되어야 한다는 결론으로 닿는다.

「시국대책요강」22)은 남조선과도정부에서 남조선단독조치를 이미 기정사 실화하였음을 단적으로 보여준다. 무엇보다도 3절의 「南朝鮮의 單獨措置의 切迫性」은 표현 자체가 너무 구체성을 지녔다.23) 3절 제1항 "南朝鮮이 南北

---

22) 미소공동위원회의 소련측이 미·소 양군을 공동 철수하자고 성명을 발표한 1947년 9월 26일, 이와 관련하여 남조선과도정부의 정무회의 시국대책위원회에서는 조병옥 이 기초한 문건을 기초로 토의한 뒤 「시국대책요강」을 작성하였다. 이는 남조선과도 정부에서 만장일치로 채택되었으며, 또한 부처장회의와 도지사회의에서도 만장일치 로 채택되었다. 10월 1일 민정장관 안재홍과 경무부장 조병옥은 재남조선 미군사령 관 하지에게 이를 제출하였다. U.S. Department of State, "The Political Adviser in Korea (Jacobs) to the Secretaryof State"(Seoul, October 10, 1947), *Foreign Relations of the United States 1947*, vol. Ⅵ The Far East(Washington, United States Goverment Printing Office, 1972), pp.829~831.

23) 「시국대책요강」은 『서울신문』·『東亞日報』(1947.11. 6·7)[『資料』 5, 635~637쪽]:『새 한민보』(1-14) 1947년 11월 중순:『漢城日報』(1947.11.7·8·9) 등에 보도되어 전문이 실려 있다. 『選集』 2, 600~605쪽에 「(附)時局對策要綱」(1947.9.25)의 영역문이 실려 있다. 영문제목은 「An Outline of Measures for Meeting the Current Situation in South Korea」이다.

統一의 主動力이 되어야 한다."는, 이 시기 안재홍의 시국대책의 중요한 원칙을 담은 조항이었다. 「시국대책요강」에서 "南朝鮮過渡政府는 朝鮮建國過程의 歷史的으로 規定된 自主獨立의 準備完成手段과 機關이다. 南北統一은 結局 其勢力과 努力으로 完成될 것이다."(第二節 第二項 第二目), "그러므로 우리 三千萬 民衆은 南朝鮮 過渡政府를 事實上 우리 政府로 認識하고 其에 充實히 協力하고 愛撫 育成하여 하로밧비 換骨奪胎시켜서 名實相符하는 우리 政府로 만드러야 한다."(第二節 第二項 第三目)는 구절은, 그의 의도와 일치하였다. 이러한 문구로 안재홍은, '軍政延長의 主謀者'라는 오해를 받기도 하였지만, 여기에는 분명 그의 구상이 담겨 있었다.

문제는 남조선과도정부를 어떻게 '우리 정부'로 만드냐에 있었는데, 안재홍은 이 점에서 한국민주당과 방법을 달리 하였으므로, 「시국대책요강」을 작성한 다음날인 9월 27일 또다른 '메모랜덤'을 하지에게 보내었다.[24] 「시국대책요강」보다 더 많은 양으로 더욱 구체적 내용을 담은 이 공한의 서론에서, 안재홍은 평소 자신의 신민족주의 정치이념과 중간파의 정치노선에 근거를 두고, 미국이 남한에서 강한 단독정부(a strong separate government)를 지지하여야 할 경우 자신이 제시하는 시국대책방안을 표준으로 채택하기를 강력하게 제안하였다.

제이콥스는 이 '메모랜덤'을 ① 민정장관에게 지금보다 더 큰 권한이 부여되어야 한다, ② 극우파는 억제되어야 한다, ③ 경찰력은 우익이 아닌 요원들

---

[24] 하지의 정치고문이었던 제이콥스가 미국무장관에 보고한 바에 따르면, 안재홍은 「시국대책요강」에 서명한 뒤(9월 26일), '극우 세력'을 불신하는 처지에서 작성한 또다른 메모랜덤을 27일 하지에게 전달하였다. 앞의 *Foreign Relations of the United States 1947*, vol. Ⅵ, pp.829~831. 이 '메모랜덤'은 '行政態勢 强化案'을 말하며, 영문표제는 「Counter Measures to Enforce Political Structures in South Korea」였다. 「(英文)行政態勢 强化案」(1947.9.27), 『選集』 2, 591~599쪽.

로 더 많이 충원하고, 더 높은 수준의 행정당국의 더 큰 통제력에 종속되어야
한다는 세 가지로 요약하였는데, 이는 매우 정확한 분석이었다. 다시 이의
요체를 한마디로 지적하면, 민정장관을 중심으로 남조선과도정부의 권한을
강화하여 독립국가로 나아가는 방향을 제시하려는 데 있었다.

3) 중간우파의 결집운동과 '순정우익'의 개념

이상에서 보았듯이, 안재홍은 공산주의 정권·체제를 반대하면서, 그가
'극우 보수' 성향으로 인식·규정한 한국민주당을 무척이나 경계하였다. 그
와 정치 이념·노선의 동질성을 확보하고 있는 중간우파의 정치세력화는 좌
익정권을 방지하는 방편일 뿐 아니라, 신정부에서 극우정권이 등장함을 막는
우선책이자 최선책이었다. 따라서 안재홍은 남한단독정부수립에 대처하는
시국대책을 구상·제시하면서, 또 한편으로는 중간우파를 정치세력화하려
는 정치운동을 펼쳤다.

안재홍은 좌우합작운동에 참여한 중간우익 세력을 '순정우익'으로 규정하
고, 이들을 결집하여 통일민족국가를 수립하는 주체로 정치세력화하려 하였
는데, 이러한 노력은 민주독립당·민족자주연맹으로 가시화하였다. 1947년
9월 21일 민주통일당·신한국민당·민중동맹이 합세함으로써 '민주독립당'
으로 당명을 결정하고 강령초안을 공개하였으며, 10월 19·20일 결당대회를
개최하여 「민주독립당선언」을 발표하기에 이르렀다.[25]

민주독립당이 결성되는 시기에, 안재홍은 민정장관에 재임하여 당운동의
표면에 나설 수 없었으므로, 자신의 신민족주의 이론에 근거를 두어 민주독

---

[25] 민주독립당이 창당되는 과정은 강영주, 앞의 논문, 46~54쪽; 강영주, 앞의 책, 469~479쪽.

립당을 지지하였다.[26] 「民主獨立黨에 寄함」에서 안재홍이 일관되게 강조한 논지는, 민주독립당은 공산주의(=극좌)와 자본독재(=극우보수세력)과는 완전히 구별되는 진정한 민주주의 정치세력, 즉 진보민족주의라는 '민주역량을 집결한 혁명당이어야 한다는 지향과 당위성이었다.[27] 홍명희 등 남북협상에 참여한 민주독립당의 간부 일부가 북한에 잔류하고 북한정권에 참여하자, 1948년 9월 23일 안재홍·朴容義 등 374명이 민주독립당을 탈당하면서 발표한 성명은 "정치적 이념으로써 진보적인 민족주의자들을 총집결시킬 의도에서 민주독립당을 결성"하였음을 또 다시 분명하게 밝혔다.[28]

민주독립당이 창당되는 시기를 앞뒤로 하여 정당의 형태는 아니었지만, 중간우파의 결집체로서 民族自主聯盟[29]을 결성하는 일이 동시에 추진되었다. 1947년 10월 1일 민족자주연맹 결성준비위원회가 발족한 뒤, 12월 20일 민족자주연맹은 결성식을 거행하였다.

이처럼 민주독립당과 민족자주연맹이 결성되는 1947년 10월경, 안재홍은 '순정우익'의 개념으로 중간우파의 이념지표를 제시하며,[30] 이들을 정치세력화하려 하였다. 지금까지 누차 설명하였듯이, 안재홍이 '순정우익의 집결'을 외치는 배경은, 대망하던 제2차 미소공동위원회마저 최종 파열되어 한국문

---

26) 安民世, 「民主獨立黨에 寄함」(一)·(二)·(完), 『漢城日報』(1947.9.26·27, 10.1).

27) 김인식, 앞의 논문(2004.3), 260쪽.

28) 「民主獨立黨 간부 370여 명, 탈당 성명을 발표」, 『한성일보』(1948.9.24)[『資料』 8(1998.12), 462쪽].

29) 민족자주연맹과 관련하여서는 趙成勳, 「民族自主聯盟에 관한 研究」, 韓國精神文化研究院 韓國學大學院 碩士學位論文, 1989.6; 도진순, 「1947年 中間派의 결집과정과 民族自主聯盟」, 水邨朴永錫敎授華甲紀念論叢刊行委員會, 『水邨朴永錫敎授華甲紀念 韓國史學論叢(下)』, 探求堂, 1992.6; 서중석, 앞의 책, 93~114쪽.

30) 安民世, 「純正右翼의 集結·民主獨立黨에 寄함」·「純正右翼의 集結·中央路線 問題 究明(再)」, 『漢城日報』(1947.10. 12·14).

제는 유엔으로 넘어갔고, 여기서도 미소협조가 이루어지지 않아 끝내 남조선의 단독선거로 마감되는 국내외 정세였다. 안재홍은 이 같은 민족분단의 정세에 대응하는 '기동전술'로, 진정한 민족자주노선을 지향하는 진보민족주의 세력을 결집시켜 남한에 민주역량을 강화하고, 이로써 통일정부수립을 달성하려 하였다.

그럼 안재홍이 '순정우익'을 어떻게 개념규정하고 이의 사명을 제시하였는지 잠깐 살펴본다.[31] 안재홍은 "右翼을 끌고 左右合作에 從事하던 者, 合作 성취치 못한 데서, 당연 純正右翼에 集結雄據"[32]한다고 하여, 정치세력으로서 순정우익의 실체를 명확하게 규정하였다. 순정우익은 좌우합작을 추진하던 우익 세력, 즉 중간우익으로 일반화하는 정치세력을 가리켰다. '우익'이라고 명시하였으므로, '좌익'으로 통칭되는 세력은 배제되었다. 그러나 '순정우익'은 좌익보다 극우보수 세력에 더 큰 분리의식을 지녔다.

'순정우익'은 무엇보다 이승만·한국민주당 계열의 단정노선과 단정세력을 경계·배격하였다. 또 반탁노선에 서서 「모스크바 삼상회의 결정」을 부정하여 미소공동위원회에 참가하기를 거부하며 반탁운동을 주도한 중경임시정부 계열의 보수우익과도 차별화시키려는 의도를 지니고 있었다. 정치이념 면에서 '순정우익'은 안재홍이 제창하는 신민족주의 이념에 일치하는 노선을 가리켰다. 무산계급독재를 전제로 하여 개성의 자유와 사유재산의 원칙을 부정하는 '左'의 공산주의를 반대하며, '봉건적'·'대지주적'·'資本閥的' 경향을 지닌 '극우'의 특권지배계급의 국가를 배격하였다. 이는 신민족주의의 골자였다.

---

31) '순정우익'의 개념은 김인식, 앞의 책, 541~547쪽.
32) 앞의 「純正右翼의 集結·民主獨立黨에 寄함」.

3. 대한민국정부수립과 '순정우익'론의 변용

1) 5 · 10선거 참여를 주장

'순정우익 집결'론은 멀리 보면 통일정부수립을 위한 전략이었지만, 당장은 5 · 10선거로 귀결되는 남한단독선거에 대응하는 '기동전술'이었다. 안재홍은 민주독립당 · 민족자주연맹을 결성함으로써 5 · 10선거라는 민주주의 절차를 통하여 '조선의 정치사회'를 '재편성'하려 하였으나, 결론부터 말하면, 그의 '순정우익 집결'론은 의도한 목표를 달성하지 못하였다.

민주독립당 · 민족자주연맹에 참여하는 정치세력들의 대부분은, 남조선단독조치를 수용하고 '순정우익 집결'을 구상한 안재홍과는 애초 시국대처 방안을 달리하였다. 유엔에서 남한만의 단독정부안이 최종 결정되기 전, 즉 아직 5 · 10선거가 확정되기 전 이미, 민족자주연맹의 김규식은 김구와 연합하여 북한의 金日成 · 金枓奉에게 요인회담을 갖자고 제안해 놓은 터였다. 김구 · 김규식은 온갖 우여곡절 끝에 남북지도자 연석회의에 참석하기 위하여 4월 북행을 결행하였다.

안재홍은 남북지도자회의를 사실 그대로 평가하였을 뿐, 이것이 민족분단을 막을 수 있다고는 기대하지 않았다. 더 정확히 말하면, 미소협조가 깨어졌고 UN위원단을 蘇側이 보이콧하고 있으므로, "실현성이 자못 희박"하고, "그 성공은 至難의 일이다."고 판단하였다.[33] 그는 5 · 10선거를 앞에 놓고 남북협상을 주최하려는 북한의 '모략성'을 간파하였으므로[34] 남북협상이 북한정권의 정략에 이용당할 수 있음을 경계하였고, 사실에서는 남북협상이 이미

---

[33] 「김구선생과 그 대우책」(1948.3.16), 高麗大學校博物館 編, 『選集』 7(2008.3), 102~103쪽.
[34] 「본보(本報) 1천 호(號)됨에 임하여」, 『한성일보』(1949.12), 『選集』 7, 204쪽.

時宜性을 상실하였다고 생각하였다. 그는 "平壤에서 준비된 協商에, 以南에서 越北參加하는 被動性과 制約 받는 條件을 근심하고 成算 없는 것"을 여러 차례 환기시켰다.[35] 김구·김규식조차 공산주의로 매도하면서, 남북협상을 온갖 언설로 비방·모략하는 이승만·한국민주당과는 달리, 안재홍은 남북협상이 "事大依他的인 誤謬를 청산하고 민족적 자주성을 앙양할 하나의 계기"를 짓는다는 대의를 인정하였으나,[36] "旣定方針대로 選擧도 支障없이 推進하여야 된다"고 분명한 태도를 취하였다.[37]

　　남북협상이 소기의 성과를 달성하지 못하였는데도, 남북협상론자들이 5·10선거를 보이콧하자, 안재홍은 남북협상에 참가한 선택과는 별 문제로, 양심 있는 진정한 민족주의자들이 5·10선거에 적극 참여하여 남조선에 민주역량을 강화함으로써 통일민족국가 수립에 대비하자고 호소하였다. 그는 자신의 평소 신조[38]에 따라 "南北 총선거는 最善이요, 可能地域만의 총선거는 次善인데, 軍政을 無期限으로 끌어갈 수 없는 이상 次善策이라도 취해야 한다는 現實的인 理論에 支持를 표명"하였다.[39] 5·10선거에서 민주세력이 승리함으로써 통일정부수립의 주도세력을 형성해야만 진정한 통일민족국가를 수립할 수 있다는 의미에서, 안재홍에게 5·10선거는 '차선한 최선책'이었다.

---

35)　安晸鏞, 「아버지와 나(遺稿)」, 『選集』 4(1992.9), 374쪽.

36)　「南北協商에 寄함」(1948.4.3 『漢城日報』 社說), 『選集』 2, 254~255쪽.

37)　『서울신문』·『朝鮮日報』(1948.4.1.)[『資料』 6(1973.12), 677쪽].

38)　1934년 안재홍이 『與猶堂全書』를 교열할 무렵, 처세신조를 묻는 한 잡지사의 질문에 7가지로 답하였는데, 여섯 번째가 "最善이 못되면 次善을 하여도 좋은 때가 있다."였다. 「名士諸氏의 處世信條」, 『新東亞』 第卅五號(第四卷 第十一號, 1934年 11月), 143쪽. 그는 조선학운동을 전개하면서, 이를 "次善的인 最善·아니 最善한 次善策으로" 표현한 바 있다. 樗山, 「朝鮮과 文化運動·卷頭言에 代함」, 『新朝鮮』 第八號 新年號(1935年 1月號), 1~3쪽.

39)　安晸鏞, 앞의 글, 374쪽.

안재홍은 남북협상에 참가하는 민족의 대의와, 남한 총선거에 참여하는 현실론이 통일민족국가수립이라는 궁극 목표에 맞닿아 있다고 인식하였으므로, 양심 있는 민족세력에게 5·10총선거에 참여하자고 호소하였다. 그는 8·15해방 뒤 3년 동안 좌우합작·남북통합을 위한 노력이 실패하였음을 자성하면서, "北에서 共産的 要素 누적되는 시간과 함께 뿌리를 박으려 하고, 南에서는 保守的 勢力 强權化하려는 事態"를 예견하였으므로, 이것이 가져올 '중대한 結果'를 우려하였다.[40]

안재홍은 '극우 보수' 세력이 집권한 제1공화국을 평가하면서, "南北協商 당시 先輩와 同志들이 南韓選擧를 거부"한 오류를 비판하였다. 그는 가정법을 빌려, 남북협상 세력이 "그 傘下의 人物들로 大擧 參加케 하였던들, 오늘날 議政壇上 다수의 鬪將과 함께 統一工作의 同志로 하여금 多大數를 擁有하여, 자못 伸縮自在한 機動的인 作戰을 하였을 것"[41]을 상정하였는데, 5·10선거에서 그가 무엇을 의도하였는지 알 수 있다.

2) 5·10선거의 결과, '차선으로서의 대한민국'을 인정

1948년 5월 10일 제헌국회를 구성하기 위하여 한국사상 첫 선거를 치렀다. 그러나 '반쪽 선거'로 불린 이 선거에 남쪽의 좌익은 물론, 중간파와 남북협상파도 참여하지 않았으므로 선거의 결과는, 안재홍이 '중대한 결과'로 우려하였던 '保守的 勢力 强權化하려는 事態'로 끝나고 말았다. 앞서 보았듯이, 대한민국정부가 수립된 후, 그가 5·10선거에 참여하지 않은 민족주의 세력들을 비판하는 대목을 보면, 한국사상 첫 선거인 5·10선거는 그가 진정 바랐던

40) 「民政長官을 辭任하고·岐路에 선 朝鮮民族(1948.7 『新天地』)」, 『選集』 2, 283쪽.
41) 「朝鮮民族의 政治的 進路」(1948.10), 『選集』 2, 318쪽.

대한민국의 출발이 아니었다. 그는 5·10선거가 사실상 '극우' 세력의 독점으로 끝났다고 판단하였다.

그러나 안재홍은 민정장관으로서 절제력을 발휘하며, 5·10선거가 끝난 뒤인 5월 19일, 5·10선거는 민중의 지지를 받는 인물들이 대개 피선되었다는 담화를 발표하였다.[42] 그는 그나마 무소속이 많이 당선된 선거 결과에 만족하면서, 이들이 이승만의 일당독재를 견제하기를 기대하였다. 안재홍은 5·10선거의 정당성과 합법성을 인정하였으므로, 선거에 반영된 민의를 수용하면서, 이를 '일당전제'의 방지로 해석하였다. 그는 이렇게 5·10선거의 결과를 수용함으로써 대한민국의 첫 출발을 인정하였다.

안재홍은 대한민국을 부정·배격하고 북한에 동조·월북·잔류한 홍명희 계열에 극도의 배신감을 표현하였다. 안재홍은, 미군정의 정책에 불만을 품어 5·10총선거에 불복하였고, 또 이승만 정부의 조직에 큰 불만이 있음을 "一向의 이유 있다고 승인하더라도, 「南韓은 전연 否認排擊함에 타당하되, 北朝鮮人民共和國은 전면적 支持 讚揚함즉한 것」으로 규정하여 離南越北 그에 趨參加擔"한 정치세력에는 결코 동의할 수 없었다. 그렇기에 월북하여 공산정권에 참여하는 행위를 "民族 將來로 보거나 國際情勢 現實을 보거나 갑자기 수긍할 수 없다."고 단언하였다. 더 나아가 "만일 北朝鮮에 근거한 人民共和國이 全朝鮮을 석권 지배할 것이므로 진작부터 그에 內通 加擔하여 둠이 良策이라 한다면, 그는 浮動的인 機會主義者의 태도로 결연 불가하다고 규정할 수밖에 없다."고 강하게 비판하였다.[43]

[42] 『서울신문』·『京鄕新聞』(1948.5.20.)[『資料』 7, 122~123쪽].

[43] 「朝鮮民族의 政治的 進路」, 『選集』 2, 316쪽. "그것은 (월북을 가리킴 : 인용자) 진정한 民主主義와 진보적 民族主義를 포기하고 돌연 共産主義에 전환하는 것이 아니고 서는, 公私間의 理由가 성립되지 않는다."는 표현에는, '진정한 민주주의와 진보적 민주주의'를 신념으로 삼아 지금껏 온갖 난관을 함께 버텨왔던 이들 월북인사에게

안재홍은 이전 국민당을 함께 창당한 朴容羲 등 374명의 민주독립당원과 함께, 민주독립당의 창당 이념이 진보민족주의자들을 총집결하는 데 있었음을 지적하면서, "일부 당간부가 북조선 선거를 계기로 당노선과 배치되는 길을 걷고 있으므로 … 부득이 민주독립당으로부터 이탈할 것을 결정"하였다는 성명을 발표하고 탈당하였다.[44]

안재홍은 '대한민국의 適法性'을 강조하였다. 그는 이 '적법성'이 단지 적법한 절차였음을 인정하는 표준이 아니라, 북한과 대비시켜 배타성을 띠는 '유일'한 적법성임을 강조하였다. "一九四八年 一二月 一二日 파리 國聯總會에서 四十八對 六으로 大韓民國政府가 唯一의 適法인 政府인 것을 승인 지지하는 決議"[45]라는 표현에는, 이러한 의미가 들어 있었다. 여기서 보듯이, '대한민국수립의 유일 적법성'을 부여한 원천은 유엔총회의 결의였다. 유엔총회의 결의와 감시 아래 민주주의 방식에 따라 5·10선거를 원만히 치러 국회를 구성하여 헌법을 제정하였고, 다시 이에 의거하여 대통령을 선거하여 정부를 성립시켰으므로, 대한민국의 출범은 '적법성'을 지녔다. 이러한 점에서 "삼팔이남만이라도 총선거로써 정식 합법정부를 세우는 것은 차선인 채 요당(要當)한 조치이다."고 강조하면서, 대한민국이 '정식 합법정부'임을 분명히 새겼다.[46]

안재홍은 "五·一〇選擧와 國會와 政府構成의 適法性을 지지"[47]하였으므로, 대한민국의 첫 출발을 인정하였으나, 이는 민족사가 부여하는 완전한 정통성을 갖춘 대한민국이 아니라, '차선으로서의 대한민국'이었다. '국제적 승

가졌던 동지애·우정 그리고 배신감이 함께 배여 있다.

44)「民主獨立黨 간부 370여 명, 탈당 성명을 발표」, 『한성일보』(1948.9.24.)[『資料』8, 462쪽].

45)「南北統一의 具體的 方策 - 互讓協同의 精神」, 『民聲』(1949.3)[『選集』2, 423쪽].

46)「일주년 회고와 전망(1) - 요청되는 민중파악」(1949.8.15로 추정), 『選集』7, 160쪽.

47)「朝鮮民族의 政治的 進路」, 『選集』2, 313쪽.

인'이 부여하는 대한민국의 '적법성'은 통일민주국가로 나아가는 '첫 출발'일
뿐이었으므로,[48] 이를 비유하여 '조국재독립의 새봄'[49]이라고 강조하였다.
여기서 중요한 점은, "南北 對立되는 이 獨立政府에서 正統中央政府의 實을
어떻게 나타낼 것인가." 하는 문제에서, "유엔의 多數國 支持로써 국제적으로
는 有利할 것이다."라고 인정하였을 뿐,[50] 유엔의 승인과 지지를 대한민국의
정통성으로 연결시키지 않았다는 점이다. '國聯 支持'는 대한민국이 성립될
수 있는 국제조건이었다.

　대한민국이 진정한 정통성을 지니려면, "大衆의 信賴 支持하는 民主力量
의 集結體가 되도록 輔成 强化하는 국민적인 계획이 요청된다."[51] 대한민국
의 정통성은 外力이 부여하는 적법성에서 연원하여 이것으로 귀착되는 차원
이 아니라, 민족 내부에서 '보성 강화'하는 '민족 총지지'[52]의 문제였으므로
대한민국의 정통성도 '차선으로서의 대한민국'을 인정하는 데 그쳤다. 그에
게 대한민국의 정통성은 민족사의 과제를 수행함으로써 앞으로 확보해야 할
정통성이었다. 이는 두 가지 의미에서 그러했다.

　첫째, 안재홍은 '남북을 통한 총선거'가 독립국가를 수립하는 가장 적법한
절차이며, 이 길이 민족사의 정당한 노선임을 강조하면서, 이를 위하여 끝막
까지 노력하였다. "南北을 通한 總選擧를 자유로이 진행하였던들 進步的인
部隊는 반드시 大多數로 뽑히어 保守反動的인 勢力의 跋扈를 拔本塞源하면
서 우리의 五千年 祖國을 大衆의 念願하는 대로 再建하는 作業을 추진하였을
것이 의심 없다."는 그의 가정법은, '남북총선거'에서 승리한 '진보적 부대'가

---

48) 「신춘 중요 政論」, 『삼천리』(1949년 1월호, '新生會 안재홍' 명의) [『選集』 7, 123쪽].
49) 「3·1운동의 회고와 정국 私觀」, 『신천지』(1949년 3월호)[『選集』 7, 134쪽].
50) 「民政長官을 辭任하고」, 『選集』 2, 282쪽.
51) 「(宣言文)新生會 宣言(1948.11.6 「新生會」 名義), 『選集』 2, 306쪽.
52) 「신당 참가 보류 성명」(1948.10.15), 『選集』 7, 104쪽.

주체가 되어 수립한 정부를 최상의 적법성·정통성으로 인정하였음을 말한다. 뒤집어 말하면, 소련과 북조선이 남북총선거를 거부함으로써 남한만의 총선거를 실시할 수밖에 없었지만, '보수반동적인 세력이 발호'한 선거 결과는 그대로 "南韓의 機構 자못 十二分의 充足을 말하기 어려운" 대한민국의 취약성을 가리켰다.[53] 이를 넘어서야 하는 대한민국을, 안재홍은 '統一支持의 요청과 차선으로서의 대한민국'[54]이라고 규정하였다. 남북통일정부를 세울 수 없는 국제조건 아래에서, "민족총의는 정부 아니고서는 정상한 효과적 표현을 국제정국에서 기(期)할 수 없고",[55] 또 남한에 미군정이 마냥 연장되는 악조건을 허락할 수 없는 민족문제 앞에서 대한민국정부수립은 '최선한 차선책'이었다. 그렇기에 대한민국은 "次善으로서의 民意에 기대는 自主的 政府가 되어야 할"[56] 사명을 지닌다고 강조하였다.

둘째, 안재홍은 북한 정권은 정통성을 운운하는 데까지 나아갈 필요도 없이, 공산정권 자체를 결단코 승인할 수 없었다. 공산주의체제는 현단계 조선 사회에 적합한 사회체제가 결코 아니라는 그의 신민족주의 이념은[57] '차선으로서의 대한민국'의 정당성을 인정할 수밖에 없었다. 안재홍은 북한의 정권이 소련이라는 외세의 힘을 빌려 공산주의국가를 수립하였다고 단정하였으

---

[53] 「李大統領의 大政方向」(1948.8. 〈?〉『漢城』記名論說),『選集』2, 297쪽.
[54] 「久遠成就의 民族的 氣魄 · 遣外使節諸氏에게 寄함」(1948.9.9. 『漢城』社說),『選集』2, 299쪽.
[55] 「일주년 회고와 전망(3) · 요청되는 민중파악」(1949.8.15로 추정),『選集』7, 167쪽.
[56] 「大韓民國 建設의 構想」(1948.10. 揭載誌 不明),『選集』2, 319~320쪽.
[57] 안재홍은 공산주의가 사상·주의의 형태로 존재한다면 이를 인정할 수 있으나, 폭력으로 공산정권을 세우려 한다면 국가권력을 동원하여 제압·분쇄해야 한다고 단호하게 말하였다. 이 점에서 그는 진정한 자유민주주의자였다. 김인식, 「안재홍의 신국가건설의 이념 · 신민족주의의 이념정향」,『한국민족운동사연구』20(한국민족운동사연구회, 1998.12), 491~494쪽; 김정, 「해방 후 안재홍의 신민주주의론과 공산주의 비판」,『韓國史學報』제12호(高麗史學會, 2002.3), 222~231쪽.

므로, "事大主義的인 共産追隨는 단연 불가한 것이다."고 잘라 말하였다. 여기에는 "共産主義의 方式에서도 經濟平等의 理想鄕은 一躍 直成될 수 없는 것"이며, "朝鮮 獨自의 社會情勢에 卽하여서의 均等經濟·平權政治로써, 소위 均等社會·共榮國家를 지향 완성함에는 스스로 그 方策 있는 것"[58]을 확신하는 신민족주의 신념이 자리 잡고 있었다. 안재홍은 '북조선'이 마치 '全國民 支持의 正統政府'를 수립한 냥 '劃策'하는 행태를 비판하였다.[59]

3) 재야당적 민족주의 진영과 비판적 지지

이상에서 보았듯이, 안재홍에게 대한민국의 정통성은 이미 획득·완성한 완료형이 아니라, 앞으로 지향·확보해야 할 과제로서 미래형이었다.[60] 이러한 의미에서 대한민국정부는 '半壁山河 절름발이적인 建國政府'였다.[61] "東南半壁 偏安한 政府이나마 南北統一 民族合同의 旗幟 밑에 壯途를 떠나는 民國"[62]이라고 표현한 데에서 보듯이, '반벽'한 정부가 건국정부로서 정통성을 지니기 위해서는 '남북통일'·'민족합동'의 민족 대업을 추진하는 주도체가 되어야 한다고 강조하였다. 이는 다시 "南北 對立되는 이 獨立政府에서 正統中央政府의 實을 어떻게 나타낼 것인가." 하는 문제였다.

논리상 신생 대한민국정부가 '정통중앙정부의 실'을 확보해야 함은 너무 당연하다. 그러나 안재홍은 남한정부를 신뢰하지 않았다. 1948년 10월 2일

---

58) 「朝鮮民族의 政治的 進路」, 『選集』 2, 316쪽.
59) 「朝鮮民族의 政治的 進路」, 『選集』 2, 311~312쪽.
60) 김인식, 『중도의 길을 걸은 신민족주의자·안재홍의 생각과 삶』(역사공간, 2006.2), 234쪽.
61) 「國民·國家·統領」(1948.8. 〈?〉 『漢城』社說), 『選集』 2, 286쪽.
62) 「맥아더 將軍에 보내는 글」(1948.8.15. 『漢城』 記名論說), 『選集』 2, 290쪽.

그는 '남북통일정부 수립에 대한 방책'을 묻는 기자들의 질문에 "명백한 방책
은 없다. 미소의 협조 없이 독자적으로는 불가할 것이나 남한에 명실상부한
민주정부가 되고 국제정세 변경에 기대할 수밖에 없다. 그러나 남한정부를
토대로 하자는 것은 아니다."고 잘라 말하였다.(63)

　뒤에 다시 보겠지만, 안재홍은 현재의 남한 정부가 명실상부한 민주정부
가 되기에는 한계가 있으리라 판단하였다. 따라서 남한정부로써 남북통일정
부를 수립하는 주도력으로 삼기보다는, 먼저 남한에 명실상부한 민주정부를
정착시킴이 전제가 되므로, 이를 주도할 진보민족주의 세력을 조직화하는
일이 급선무라고 인식하였다. 그는 대한민국정부수립 바로 직후까지, 대한
민국의 정통성을 담보할 정치세력으로 '순정우익'을 설정하였다.

　1948년 8월 28일 안재홍은 기자회견을 가졌는데, 자신을 중심으로 신당
조직이 운위되고 있다는 항간의 소문을 일축하면서도, "순정우익 정당출현
이 요청되는 이유는 무엇인가"라는 질문에 다음과 같이 답하였다.

　　정치 평론가의 견지에 논한다면 광범한 정치운동을 전개하여 대중으로
　하여금 순정우익의 노선으로 집결시킴에 있다. 순정우익이라 함은 진보적
　인 민족주의 정치이념을 지칭하는 것으로 환언하면 신민주주의 사상을 내
　용으로 하는 민족주의인 것이다. 現今의 정세로 보아 이러한 순정우익정당
　의 출현으로 모든 야당을 영도하여 대중을 동일한 정치노선으로 집결시키
　는 정치운동을 전개해야 할 것이다. 그 이유는 좌우합작이 실패된 이후 금일
　의 대한민국에 대한 불만으로 북조선의 인민공화국에 부합하려는 추세를
　방지하는 동시에 남북을 통한 시국의 변천에 대처하기 위함이다.(64)

....

63) 「安在鴻, 단정수립은 민족의 비극이라고 기자와 문답」, 『부산신문』(1948.10.5.)[『資
　料』 8, 568쪽].
64) 「安在鴻, 純正右翼 정당으로 야당 출현을 기대한다고 기자와 문답」, 『민주일보』

위의 인용문에, 정부수립 직후 안재홍이 구상한 바가 그대로 녹아있다. 이때까지 그는 '순정우익'의 개념을 유지하면서, 이를 통하여 당시의 야당으로 인식하는 세력들을 정치세력화하려 하였다. 이로써 대한민국을 향한 불만이 북한에 동조하는 노선으로 흘러감을 막고, 나아가 대한민국을 민주화시켜 이를 기반으로 남북통일의 주도력을 가지려 하였다.

이후 안재홍은 진정한 진보적 민주주의 민족세력을 '재야당적 비판적 지지'세력으로 바꾸어 규정하였다. 다음 인용문에서 대한민국정부수립 후 그의 '순정우익'론이 어떻게 변용되었는가 볼 수 있다.

> 그는 그것을 主軸으로(次善으로서의 民意에 기대는 自主的 政府 : 인용자) 南韓의 진정한 民主主義 政府가 勵行되고, 그것을 기본으로 삼아 南北의 統一을 기획할 수 있는 까닭이나, 그러므로 現存 大韓民國의 존재는 우선, 否認도 排擊도 할 바 아니요, 요청되는 목표에 준해서 이를 지지 육성하는 것이 하나의 국민적 과업으로 되어 있다. 다만 大韓民國의 政府가 그 樹立 由來와 政府構成의 실제에서 덮어놓고 讚嘆 追隨할 조건으로 되어 있지 아니하므로 저절로 비판적 지지로 돌아 닿게 된다. 비판적 지지란 것은 지지는 하여야 하겠는데 미흡한 부분 불가하게 움직이게 되는 점은 얼마든지 指摘 評定 또는 요구 관철하여 진정한 民主主義 政治가 되도록 만들자는 것이다.[65]

안재홍은 '차선으로서의 대한민국'이 확보해야 할 정통성이 시급한데도, 대한민국정부의 현 조건은 진정한 민주주의정부와 거리가 있다고 판단하였다. 8·15해방 후 대한민국정부가 수립되기 전까지, 안재홍은 정부 형태의

(1948.8.28.)[『資料』 5, 131~132쪽].
[65] 「大韓民國 建設의 構想」, 『選集』 2, 320쪽.

권위를 지니고 통일민족국가 수립운동을 전개하자고 일관되게 주장하였다. 이는 그의 지론이었다. 그런데 대한민국정부수립 직후에는 통일정부 수립운 동의 주체와 주도력을 '재야당적 민족주의 진영'으로 설정하였음은, '순정우 익'론의 관점에서 대한민국의 정부와 의회 구성을 볼 때, 자신이 '보수 극우' 세력으로 규정하였던 정치세력들이 집권하였기 때문이다. 따라서 현재의 대 한민국정부의 조건에서는, 대한민국정부가 진정한 민주주의 정부가 되어 남 북통일을 기획하는 주축이 되도록 '지지 육성'하는 '비판적 지지'가 필요하다 고 강조하였다.

여기서 '비판적 지지'의 대상은 이승만 정부였다. 안재홍은 불행하게도 이 승만정부의 출발부터, 그가 진작 염려하였던 '一黨專政'의 싹을 보았으며, 납 북되는 순간까지 1당전제의 폐단을 경계하였다. 제1공화국이 출범한 직후, 안재홍은 "南北統一 아니 된 때 半壁山河 절름발이적인 建國政府인 것만치, 新政府의 威望이 되도록 크기를 바라서 마지않은 바"이었으나, 총리 인선을 비롯한 정부조직에서 "사실은 이와 정반대인 것은 遺憾事"[66]라고 강력히 비 판하였다.

안재홍의 '비판적 지지'의 一聲은 먼저 이승만의 '非憲政·非民主的 擧動' 을 향하였다. 그는 비록 "李大統領이 愛國大先輩임에는 틀림없지마는"이라 는 전제를 달았지만, "天性이 獨斷專制, 衆議와 僉議치 못함도 하나요"에서 시작하여, 이승만의 성격상의 결함·오류를 다섯 가지로 꼬집은 뒤, "즉 당파 를 초월한다는 박사 자신 도리어 너무 파벌적이다."고 비판하였다. 이어 안재 홍은 "事態 이 같음은 국민에게도 그 責 있으니, 평소 너무 최고 지도자에 대한 몰비판적이요 맹목적인 추종이 過當"하였음을 지적하면서, 독립촉성국

---

[66] 「國民·國家·統領」, 『選集』 2, 286쪽.

민회나 한국민주당 등을 함께 겨냥하였다. 독립촉성국민회를 가리켜 "마치 偶像의 앞에 渴仰隨喜하는 세속적 신도"와 같다고 지적하였으며, "國會로서 도 制憲議會에서부터 엄정한 자주적 추진을 떠나서 議長 된 개인의 후일의 의도를 충족케 하는 籌備에 「지당합니다」적 순종을 하다시피 한 것"[67]을 힐 책하면서, 이승만의 한 마디로 내각책임제 정부형태가 대통령중심제로 바뀐 사실도 에둘러 비난하였다. 비판자의 시각에서는 '군자연'하는 듯이 보이 는[68] 안재홍의 절제력이, 이같이 특정인의 이름을 대놓고 비난하는 경우는 찾아보기 어려운 예로, 작심한 발언인 만큼이나 깊은 우려가 담겼음을 알 수 있다.

그럼 '비판적 지지'의 주체는 누구인가. 이는 '차선으로서의 대한민국'의 정통성을 확보할 진정한 주도세력이었다. 대한민국이 수립된 이후, 안재홍 은 이전 국가건설의 주체로 설정하였던 '순정우익'을 '재야당적 민족주의 진 영'이라는 범위로 확대하면서, 이로써 '다음단계의 시국수습에 대비'하고자 하였다. 다음 인용문에 안재홍의 구상이 드러난다.

> 南韓 現下 政治機構의 不完全 不滿足 많은 것은 이것을 시인할 바이나,
> 在野黨的 民族主義 陣營으로서 진정한 民主主義, 吾人의 주장하는 新民主
> 主義의 路線으로 大衆을 집결하면서, 政府에 향하여는 비판적 支持者의 태
> 도를 堅持하여, 進步的인 民族主義의 陣營이 의연 大多數의 民衆을 파악 집
> 결하면서, 다음 段階의 時局收拾에 대비함을 요하는 것이다. 이것조차 불가

---

67) 안재홍은 남한이 민주역량을 키우기는커녕 독재정치의 기지로 전락할 수 있음을 우 려하며, 이를 방지하기 위하여 내각책임제와 兩院制를 주장하는 대안을 제시하기도 하였다. 「國民·國家·統領」, 『選集』 2, 286~287쪽 ; 「신춘 중요 政論」, 『삼천리』(1949년 1월호, '新生會 안재홍' 명의)[『選集』 7, 124쪽].

68) 이만규는 안재홍의 성격을 여운형과 대비시켜 "安은 모두가 君子的이고 妥協的이고 順應的이었다."고 비판하였다. 李萬珪, 『呂運亨先生鬪爭史』(民主文化社, 1946.5), 216쪽.

능하고, 오직 持疑浚巡 趨向 갈피를 못 잡고 있는 한에, 대중은 잘못되면
極左의 유혹에로 빠져들어감을 방지할 길 찾기 어려울 것이다.[69]

'재야당적'의 범주에, 5·10선거에서 55명이 당선됨으로써 27.5%의 의석을
확보하여 여당의 지위를 장악한 독립촉성국민회는 물론 제외된다. 앞서 지
적하였듯이, 안재홍은 독립촉성국민회를 이승만의 '세속적 신도'로 표현하였
다. 또 해방정국에서 이승만과 정치노선을 같이 하며 대한민국을 수립하는
주역이었던 한국민주당 계열도 배제되었다. 이승만과 한국민주당이 최종 결
렬하는 시기는, 한국민주당이 당세의 강화를 명분으로 내세워 1949년 1월
26일 大韓國民黨과 합당하여 民主國民黨으로 재창당[70]하는 무렵이었지만,
여전히 안재홍은 이승만과 한민당을 동류화시켰다. 안재홍의 표현을 빌면,
한국민주당도 이승만과 '政商的 苟合'[71]의 관계였으며, 이미 권력의 핵심에
있으므로 '비판적 지지'의 주체가 아니었다. 안재홍은 이승만의 독주와 함께
한국민주당의 '당파'도 '國民怨嗟의 과녁'[72]임을 강조하였다.

위의 인용문을 보면, '재야당적 민족주의 진영'은 '진보적 민족주의의 진영'
과 동의어인데, '재야당적'이란 이념 면에서 '진보적'을 가리키므로, 안재홍이
지금껏 '극우'로 지목하였던 한국민주당이 제외됨도 당연하다. 더욱이 '야
당'·'야당적'이라고 표현하지 않고, '재야당적'이라고 규정한 이유를 중시해
야 한다. 5·10선거에서 유일하게 정당의 형태를 띠고 선거에 참여한 한국민
주당은, 선거에 참패하여 29명의 당선자로 14.5%의 의석을 장악하는 데 그쳤

[69] 「朝鮮民族의 政治的 進路」, 『選集』 2, 318쪽.
[70] 「大韓國民黨과 韓國民主黨, 民主國民黨으로 합당할 것을 결의하고 공동성명서 발표」,
    『동아일보』(1949.1.27.)[『資料』 10(1999.12), 268~269쪽].
[71] 「國民·國家·統領」, 『選集』 2, 288쪽.
[72] 「內閣改造의 指向」(1948.11.10 『漢城日報』 社說), 『選集』 2, 376~377쪽.

고, 제1공화국 내에서 권력지분을 확보하는 데에도 실패하였으므로 '反이승
만 노선'에 서서 야당의 길을 걸어야 했다. 그러나 안재홍은 '진보적'에다가,
아직 제도정치권에 들어서지 못하였다는 '재야당적'이라는 한계규정을 더 두
어, 제도정치권에서 형식상의 '야당'의 지위에 선 한국민주당을 제외시켰다.
안재홍은 이승만과 한국민주당을 여전히 '극우'로 동류화시키면서, '재야당
적'이라는 규정으로 한국민주당과 자신을 차별화시켰다.

　안재홍은, 이승만과 이의 '세속적 신도'인 독립촉성국민회 계열 그리고 한
국민주당 등 '보수 극우' 세력을 제외한 진보민족주의 진영을 '비판적 지지'의
주체로 설정하고, 이들의 민주역량을 투쟁역량으로 정치세력화하여 '재야당'
에 결집시키려 하였다. 이때 '비판적 지지'는 "大多數의 民衆을 파악 집결하면
서, 다음 段階의 時局收拾에 대비함"까지 포함하는데, 이는 안재홍이 '진보적
민족주의 진영'을 정당으로 규합하여 진정한 건국정부를 구성함으로써 통일
민족국가수립이라는 '최선'을 지향하려는 시국수습책을 지녔음을 말한다.

　'민족주의'라는 말이 '좌익'과 대립됨을 감안할 때, '재야당적 민족주의 진
영'은 이전 안재홍이 '순정우익'으로 설정하였던 중간우파, 그리고 단정노선
을 거부하였던 남북협상파를 합친 '우익' 세력을 가리켰다. 그가 '순정우익'으
로 지칭하였던 세력이 '재야당적'에 포함됨은 당연한 논리이지만, "南北協商
당시 先輩와 同志들이 南韓選擧를 거부"한 오류를 비판하면서, 이들을 '統一
工作의 同志'로 설정한 데에서 남북협상파를 '재야당적 민족주의 진영'에 포
함시켰음을 알 수 있다. '재야당적 민족주의 진영'은 김구 · 조소앙 등 남북협
상파인 민족주의 우파와 김규식 · 안재홍 등 중간우파를 포용하는 개념이었다.

4. 맺는말

안재홍은 남한에 수립되는 단독정부·분단정부가 민족사의 정통성을 획득하려면, 남한에 민주역량을 강화하여 진정한 민주주의를 정착시킬 수 있는 세력이 신정부 수립의 주체가 되고, 이들이 통일정부를 세우는 주도력이 되어야 한다고 인식하였다. 이것이 그가 남조선단독조치에 대응하는 시국대책 방안의 요체였다. 이는 바로 새로 수립될 남한단독정부—이후 대한민국으로 귀결되는—의 주체, 즉 정부수립과 국가건설의 주도력을 어떠한 구심점으로 형성하는가 하는 문제였다. 제2차 미소공동위원회가 결렬된 이후 5·10선거를 거쳐 신생 대한민국정부가 수립되기까지, 안재홍의 신국가건설운동은 대한민국정부수립의 주체를 결집하려는 활동이었다.

1947년 10월경, 안재홍은 '순정우익'의 개념으로 중간우파의 이념지표를 제시하고, 민주독립당·민족자주연맹을 결성하여 이들을 신정부 수립의 주도세력으로 정치세력화하려 하였다. 그가 '순정우익 집결'을 외치는 현실인식은, 단정노선을 추진하였던 '보수 극우' 세력이 신정부 수립의 주체가 되어 신생정부를 구성한다면, 민주주의 정착은 요원하며 통일정부수립도 불가능하다는 판단에서 말미암았다.

안재홍은 '남북을 통한 총선거'가 독립국가를 수립하는 가장 적법한 절차이며, 이 길이 민족사의 정당한 노선임을 강조하면서, 이를 위하여 끝막까지 노력하였지만, 5·10선거의 결과를 수용하였고, '統一支持의 요청과 차선으로서의 대한민국'의 정통성을 인정하였다. 그러나 이는 이미 획득·완성한 완료형이 아니라, 앞으로 지향·확보해야 할 과제로서 미래형이었으며, 이러한 의미에서 안재홍은 대한민국정부를 '半壁山河 절름발이적인 建國政府'로 규정하였다. 그는 '차선으로서의 대한민국'이 진정한 민족사의 정통성을 지니려면, 진정한 민주주의 민족국가를 수립하는 주도체가 되어야 한다고 주장하였다.

안재홍은 대한민국의 민주역량을 강화하여 남북통일을 주도하는 주체를 '재야당적=진보적 민족주의 진영'으로 설정하고, 이들의 '비판적 지지'로 건국정부의 소임을 담당하려 하였다. '재야당적'에는 이전 좌우합작운동을 추진하였던 중간우파와, 한때 5·10선거를 거부하였지만 민족양심을 보전한 남북협상파를 포함하였다.

이상에서 살펴본 안재홍의 정치노선은 해방정국에서 어떠한 의미를 지니는가. '미소 파탄'의 길목에서, 책임 있는 지도자라면, 한민족도 민족분단의 길머리에 들어섰음을 냉철하게 인식·통찰하며, 국제정세의 규정력 앞에서 민족 진로의 방향과 방안을 제시해야 했다. '미소 파탄'하는 끝막까지 분단정부를 거부하고 통일정부를 주장하며 실천한 민족지도자는 많았으나, 이에 대응하여 분단국가에서 통일국가로 나가야 할 비전과 구체안을 제시한 예는 많지 않았다. 이 점에서 안재홍은 해방정국에서 그와 정치노선을 함께 했던 많은 지도자들과도 차별성을 지니는 독자성을 지녔다.

참고문헌

國史編纂委員會, 『資料大韓民國史』 4 · 6 · 7 · 8, 國史編纂委員會, 1971.12 · 1973.12 ·
　　　1974.12 · 1998.12.

安在鴻選集刊行委員會 編, 『民世安在鴻選集』 2 · 4 · 7, 知識産業社, 1983.2 · 1992.9 ·
　　　2008.3.

李萬珪, 『呂運亨先生鬪爭史』, 民主文化社, 1946.5.

Foreign Relations of the United States 1947, vol.Ⅵ The Far East(Washington,
　　　United States Goverment Printing Office, 1972).

강영주, 『벽초 홍명희 연구』, 창작과 비평사, 1999.11.

김인식, 『중도의 길을 걸은 신민족주의자—안재홍의 생각과 삶』, 역사공간, 2006.2.

김인식, 『안재홍의 신국가건설운동 1944~1948』, 선인, 2005.1.

우사연구회 엮음, 서중석 지음, 『남 · 북협상—김규식의 길, 김구의 길』, 한울, 2000.8.

정윤재, 『다사리공동체를 향하여—민세 안재홍 평전』, 한울, 2002.12.

강영주, 「홍명희와 남북연석회의」, 『역사비평』 계간43호, 역사비평사, 1998.5.

김인식, 「안재홍의 신국가건설의 이념—신민족주의의 이념정향」, 『한국민족운동사연
　　　구』 20, 한국민족운동사연구회, 1998.12.

김인식, 「1947년 안재홍의 '순정 우익 집결' 운동」, 『韓國史硏究』 제124호, 韓國史硏究
　　　會, 2004.3.

김정, 「해방 후 안재홍의 신민주주의론과 공산주의 비판」, 『韓國史學報』 제12호, 高麗
　　　史學會, 2002.3.

도진순, 「1947年 中間派의 결집과정과 民族自主聯盟」, 水邨朴永錫教授華甲紀念論叢刊
　　　行委員會, 『水邨朴永錫教授華甲紀念 韓國史學論叢(下)』, 探求堂, 1992.6.

유병용 · 김인식 · 남광규, 「해방 전후 중간파 민족주의의 성격」, 『한국정치외교사논총』
　　　제29집 1호, 한국정치외교사학회, 2007.8.

鄭容郁, 「미군정기 웨드마이어 사절단의 방한과 미국의 대한정책 변화」, 『東洋學』 第
　　　30輯, 檀國大學校 東洋學硏究所, 2000.6.

趙成勳, 「民族自主聯盟에 관한 硏究」, 韓國精神文化硏究院 韓國學大學院 碩士學位論
　　　文, 1989.6.

조선의 사마천을 꿈꾼
안재홍의 정치적 책무, '通史' 쓰기

윤대식 (한국외국어대학교 미네르바교양대학 교수)

조선의 사마천을 꿈꾼
안재홍의 정치적 책무, '通史' 쓰기*

윤대식 (한국외국어대학교 미네르바교양대학 교수)

1. 들어가며

『논어』「학이」편의 "배우고 때에 맞추어 (몸에) 익히면 또한 기쁘지 아니한가?"(學而時習之, 不亦說乎?)라는 첫 구절은 '학습'(學習)이라는 단어의 원래 용법으로 알려져 있는 유명한 대목이다. 아마도 공자의 학문관 또는 교육관을 대변하는 구절이자『논어』전체의 방향성을 시사하는 대목으로 편찬되었음에 틀림없다. 춘추시대 중기에 접어들어 종법질서가 완전히 무너지고 하극상이 만연한 풍토에서 이러한 현상을 타파하고 질서회복을 위한 비전을 제시하려고 했던 공자의 기획을 고려할 때, 가장 핵심적인 요소는 결국 완성된 인간형의 회복으로 귀결되기 때문이다. 물론 그것은 공자만의 독창성을 보여주는 증거가 아니라 고대 동서양 모두에서 공동체의 보존과 인간 삶의

---

* 이 글은『한국독립운동사연구』76집(2021.11.30)에 게재된 필자의 논문「통일민족국가 건설을 위한 문화적 아이덴티티 구축: 안재홍의 책무로서 '통사' 쓰기로부터 평화통일의 교의로서 신민족주의로」를 수정, 보완한 것임을 밝힙니다.

완성이라는 현실문제에 집중하기 시작하고 그 해결책으로 인간이성에 따른 합리적 판단과 선택의 필연성을 각성한 합리주의의 등장을 반영하는 것이었다.

지성사적 맥락에서 B.C. 7세기부터 인간 영혼(psyche)에의 관심으로 더 좁혀지면서, 소크라테스-플라톤-아리스토텔레스로 대표되는 고대 그리스 합리주의 전통의 형성은 '좋은 폴리스'(good polis), 즉 영광스러웠던 아테네의 회복을 목표로 그 방법론으로서 인간 이성에 기대어 데모스(demos)를 보다 합리적인 행위자인 '좋은 시민' 더 나아가 '좋은 사람'으로 전환하기 위한 것이었다. 그것은 소크라테스의 '너 자신(의 무지)을 알라'는 정언으로 제시되었고, 플라톤에 의해 아카데미아의 설립과 지적 훈련으로, 아리스토텔레스에 의해 데모스를 좋은 시민으로 훈육하기 위한 윤리학의 학습으로 전개되었다. 이와 대조하여 동아시아의 지성사 역시 동일한 시기 동일한 문제의식을 채택하고 합리주의 전통을 형성해 나갔다. 공자로부터 시원한 제자백가는 동아시아 지성사에서 합리주의 전통의 확립을 상징한다. 왜냐하면 그 출발점인 공자 역시 '좋은 폴리스' 즉 '좋았던 공동체'의 회복을 꿈꾸었기 때문이다. 그리고 공자에게 '좋았던 공동체'는 '질서정연한 종법사회'로서 주례(周禮), 곧 종주(從周)로 개념화 되었고, 그 주례를 완성했던 주공(周公)을 완벽한 공적 행위자로 규정하고 이를 재현(representation)하는 것이었다.

하지만 공자 자신이 공적 행위자로의 역할을 수행함으로써 원래의 '좋은 공동체', '질서정연한 주례'로 복귀할 것을 기대했음에도 불구하고 현실에서 좌절한 후, 그는 훈육을 통해 '학습된 공적 행위자'를 만드는 것을 자신의 과제로 채택한다. 비록 "아래로 인간사를 배워 위로 하늘의 이치에 도달하려는"(下學而上達) 공자의 이상상은 당대에 좌절되었지만, 훗날 2,500년간 동아시아 역사에서 천자(天子)로부터 일반백성에 이르는 모든 사람들의 삶에 결정적인 영향을 끼친 대성공을 거두었다. 따라서 고대 동서양의 합리주의자들 모두 삶의 완성을 목표로 공통된 방법론으로 '학습'을 제시했다는 사실은 의미심장하다.

'학습된 공적 행위자'라는 목표는 주공과 같이 타고난 신분과 혈통을 구비한 채 공적 영역과 가치에 대한 명확한 인식과 실천을 할 수 있는 행위자가 아니라, 이미 이러한 질서와 체제가 붕괴했고 하극상이 만연됨으로써 더 이상 타고나거나 세습된 통치자를 기대할 수 없었던 공자 입장에서 새롭게 주례적 질서를 회복해야 한다는 사명을 각성한 행위자를 '만들어야 하는' 상황 때문에 제시된 것이었다. 그 공적 행위자는 신분이나 혈통에 상관없이 주례의 구성요소와 작동원리를 '배우고 몸에 습관처럼 익힌 사람'이다. 그는 공적 영역과 가치를 각성하고 그대로 현실에서 행위로 실천하는 자이다. 그것이 공자가 정의한 '학습'의 의미였다. 그리스 합리주의 전통의 출발점인 '무지를 알게 된' 순간 '배운 대로 실천한다'(知行合一)는 학습관과 똑같은 의미와 방향성을 내포한 것이었다.

바로 이 지점에서 안재홍과 '학습된 공적 행위자'라는 개념 간 상관성을 찾을 수 있을 것이다. "우리 집은 대대로 근황당(勤皇黨)이기 때문에 나는 그 당시의 애국사상을 받아 조선역사의 불비함을 항상 느끼고 조선의 사마천(司馬遷)이 될 생각이 있었소"[1]라는 회고에서 볼 수 있듯이, 안재홍 자신이 '학습된 사람'으로의 각성과 실천의 책무의식을 가지고 있었으며, 역사의 불비함을 보완하는 조선의 사마천이 되는 것을 삶의 완성으로 고민했음을 밝히고 있다. 그것은 해방을 맞이하여 "단군 이래 삼국통일기까지 거의 삼천수백 년의 사이에 모든 國史上에 나타나는 정치적 법제적 문화적 諸案件과 민

---

[1] 안재홍, 「될뻔記 나는 少年時節에 어떤 野心을 가젓섯나-朝鮮의 司馬遷」, 『동광』 3권 9호(1931.9.4.), 34쪽.

족흥망에 관련 깊은 諸事實은 어느 것 하나도 이때껏 그 전모가 뚜렷이 闡明된 바 없어 의연한 암중모색의 상태로 된 바이니 이는 우리가 반만년 문화를 云爲하는만치 하나의 문화적 총결산으로서 투철한 朝鮮通史를 써서 新時代創成의 精神的 根幹을 지어야 할 것이 요청되고 있는 所以"[2]라는 시대의식을 각성했던 데서 비롯했고, 이렇듯 '조선통사' 쓰기가 새로운 시대의 '정신적 근간'으로의 의미를 갖는다는 안재홍의 지적은 앞으로 그의 생각과 행위 모두가 정치적 삶으로서 '인간다운 삶', '공동체적 삶'의 완성을 염두에 두었던 것임을 방증한다.

아렌트는 그의 저서 『정신의 삶』에서 예루살렘 법정에 선 아이히만의 재판을 참관하며 '사유하지 않는 삶'을 영위하는 사람들이라면 누구든지 특정한 환경에서 악을 범할 수 있다는 점을 '악의 평범성'으로 강조하고, 그 과정에서 정신의 문제에 관심을 가지기 시작했다고 고백했다.[3] 사실 우리의 일상은 대부분 아무 생각 없이(thoughtless) 흘러가는 경향을 갖는데, 왜 아렌트는 인간이 생각하지 않는 것이 악한 행위라고 단정한 것일까? 그것은 인간이 삶의 보존과 사멸성의 한계라는 실존양식에 의해 조건 지어진 존재(Conditioned being)이기 때문이다. 즉 인간은 무엇을 하든 언제나 조건 지어진 존재이며 세계(world)에서 삶을 영위하는 이상 세계의 실재성을 지각하고 수용하게 된다는 것이다.[4] 이 점에서 아렌트 역시 그리스 합리주의 전통의 충실한 계승자임을 드러내며, '인간은 정치적 동물'이라는 아리스토텔레스의 정언처럼 좋은 공동체 내에서만 인간이 인간다운 삶을 실현할 수 있음을 확신했던 셈이다. 따라서 정치적 삶으로서 인간다운 삶을 완성하는 것이 인간

---

2) 안재홍, 「『朝鮮上古史鑑』 卷頭에 書함」, 『朝鮮上古史鑑 上』, 민우사, 1947, 3쪽.
3) 한나 아렌트 지음, 홍원표 옮김, 『정신의 삶 1』, 푸른숲, 2019, 46-47쪽.
4) 한나 아렌트 지음, 이진우 옮김, 『인간의 조건』, 한길사, 1996, 57-58쪽.

의 삶의 최종목표이고, 그 인간의 삶은 생각과 행동의 일치, 즉 정신과 활동의 정합된 삶의 양상에서 비로소 완성된다. 바로 학습을 통해 정신의 각성과 실천의 습관을 정합하는 행위자야말로 학습된 행위자이자 공적 인간이다. 그리고 이렇게 '학습된 공적 행위자'는 '정치지성'이라는 다른 용어로 대체될 수 있다.[5]

이 글은 식민지 시기와 해방정국 시기, 학습된 공적 행위자 즉 정치지성으로의 정체성을 보여준 민세 안재홍의 역사관과 그 방법론을 추적해서 그의 '通史' 저술이 역사에 대한 개인적 호기심에서 비롯한 것이 아니라 책무로 인지하고 통일된 국민국가 건설을 위한 실천이었음을 소개하려는 것이다. 이를 위해 기존 안재홍에 대한 다면적 평가와 달리 한국 '通史' 저술이라는 측면에서만 안재홍의 지성적 고민(정신의 삶)과 저술행위(활동의 삶)를 추적하고,[6] '민족'을 역사의 주체로 규정한 뒤 그 민족정신과 실제 민족적 삶의

----

5) 이 글에서 제시된 '정치지성'의 의미는, 아렌트의 개념을 원용하여, 학습을 통해 자신을 둘러싼 세계에 대한 '생각하는' 삶을 책무로 규정하고, 이로부터 공적 영역과 가치를 각성하고 세계 속 인간 삶의 완성이라는 목표를 이행하기 위해 다시 대중을 각성시키는 것을 책무로 실천하는 공적 행위자로 규정될 수 있다.

6) 채관식은 류시현(2011), 정종현(2012), 채관식(2014) 등의 연구들이 1930년대 조선학 연구를 '과학'과 '보편'에 대한 지향이라는 관점에서 특정 진영이나 계열에만 국한된 것이 아니라 민족사와 세계사에 대한 고민과 근대 사회과학 수용 그리고 이를 바탕으로 조선사를 세계사적 관점에서 과학적으로 이해하고자 하는 다양한 형태의 목적이 존재했음을 분석했다고 지적한다. 예를 들어 류시현(2011)은 안재홍의 조선연구를 '과학적 방법론'에 입각한 민족사의 서술로 이해하면서 안재홍이 정인보, 문일평과 달리 민족성과 연결된 정신적 요소를 강조하지 않았고, 오히려 당대 사회주의 계열의 조선학 연구 입장과 유사했다고 본다. 또한 정종현(2012)은 안재홍의 조선학이 근대 학문체계 안에서 독자적인 조선인이라는 동일자를 구성하려 했으며, 국학적 전통을 '발견'하여 조선학의 역사상을 정립하고 근대적 학술로 자리매김하려는 점에서 근대 일본 국학담론과 '보편에 대한 욕망'을 공유한다고 분석한다. 그러나 채관식은 선행연구들이 안재홍의 '욕망'이 구체적으로 모건의 '고대사회' 이론 수용과 고대사에 대한 체계화로 이어졌으며, '과학적 방법론'에 입각한 조선연구는 민족성 문제를 가급적 배제했던 것이 아니라 오히려 조선인의 고유한 민족성에 대한 객관적 파

양상을 정합해내려는 지적 작업이 안재홍의 정치적 책무로 받아들여졌음을 규명하려고 한다.[7]

2. 조선의 사마천에서 한국의 마르크 블로크로

해방 직후 안재홍은 『조선상고사감』을 마무리하여 출간하면서 "나는 서생이요 讀書子이다. 소년시대에 이미 述史家될 입지 굳혔으나, 약관의 때에 불행조국의 覆沒을 만나 … 나는 거듭 투옥되고 시국은 갈수록 험난한데 빠졌다. 내가 囹圄에서 헤아리건대, 정치로써 투쟁함은 한동안 거의 절망의 일이요, 국사를 연찬하여 민족정기를 불후에 남겨둠이 지고한 사명임을 자임하였을 새, 이에 國史攻究에 전심한지 다시 거의 10년인데 닥쳐오는 수난의 멍에는 드디어 멀리 벗을 수 없었고 이 뜻인 즉 갈수록 굳셈 있었을 새 먼저 이 考微書를 완성하고 뒤이어 朝鮮通史를 완성하고자 함이 나로서의 지대한 염

악과 민족전망의 획득을 목표로 했음을 고려하지 못했다고 지적한다. 채관식, 「1930년대 전반 고대사회 이론의 수용과 한국 고대사 연구-안재홍과 백남운을 중심으로」, 『역사와실학』 57집, 2015, 193-194쪽.

7) 이진한은 안재홍의 조선사 연구를 다룬 선행연구 중 한영우(1987; 1994)의 성과가 안재홍의 정치활동, 1930년대 조선학운동·민족주의론, 1945년의 신민족주의·신민주주의론, 고대사 연구 등을 종합적으로 고찰하면서 안재홍의 정치사상과 역사의식이 불가분의 관계를 맺고 있고 표리일체였음을 파악했지만, 정치사상과 조선사 연구 간 관련성을 구체적으로 논증하는 데까지 이르지 못했다고 평가한다. 더 나아가 이진한은 안재홍의 핵심적인 정치사상인 신민족주의론이 식민지 시대부터 해방 이후까지 계속된 조선사 연구와 유물사관에 대한 독특한 이해에서 비롯되었음을 조명하여, 안재홍이 보편적 발전 속에서 조선사의 특수성을 강조했고 그 논리를 역사에서 정치로 옮겨 외세로부터 완전한 자주독립을 우선할 수 있다고 판단했기 때문에 민족주의적 입장에서 사회주의의 장점을 수용하는 신민족주의론을 주장하게 되었다고 통찰한다. 이진한, 「민세 안재홍의 조선사 연구와 신민족주의론」, 『한국사학보』 20호, 2005, 318-319쪽.

원"[8]이었음을 소개했는데, 조선의 사마천을 꿈꾸었던 소년 서생이 식민당국과의 비타협 투쟁을 일관하면서 정신의 각성에 따라 정치적 책무로서 역사서술의 행위로 나갔음을 밝히고 있다. 그 결과물로서 〈조선통사〉의 완성은 역사가를 꿈꾸었던 소년 서생의 모습과 중첩되는 반면 그 성격은 완전히 달랐다. 왜냐하면 안재홍 자신이 역사라는 전문성을 지향한 것이 아니라 식민지 해방을 위한 저항과 투쟁을 통해 정치적 삶의 회복이라는 목표를 각성함에 따라 자신이 정합할 수 있는 실천대안으로 역사서술을 택했기 때문이다.

그렇게 보면 안재홍의 역사관과 역사서술은 역사의 법칙성을 찾아내거나 과학으로서 역사를 접근하는 방법론을 우선한 것이 아닐지도 모른다. 오히려 주목할 점은 안재홍 자신이 인문학적 상상력 또는 관념과 사변만으로 역사를 서술할 수 없고, 엄밀한 사회과학적 방법론의 채택이 요구된다고 강조한 사실이다. 이러한 안재홍의 역사관을 보여주는 단서는 신채호와의 교감과 영향이다. 식민지 시기 잔존하던 사대주의적 역사관이나 충군애국적 역사관, 통치자 중심의 역사서술을 청산하고 식민지배에서 탈피하기 위한 독립운동의 정신적 기저로서 민족혼을 찾아내어 발휘시키는 중요한 방법으로 역사를 이해했던 바, 反식민 사학으로서 민족주의 사학이 탄생한다.[9] 그 대표자이자 정신적 지주가 바로 신채호이고, 안재홍은 1936년 2월 신채호의 부음을 듣고 "그는 11년 전배(前輩)요, 또 사회의 선달(先達)이라 심교(深交)가 없었고 다음 호상(滬上: 上海)객사에서 만났으나 참상연홍(參商燕鴻) 오래 서로 친할 겨를이 없었다"[10]고 회고했지만, 자신이 조선일보 사장으로 재직 시

---

8) 안재홍, 「권두언」, 『朝鮮上古史鑑 上』, 1947, 3쪽.
9) 최영성, 「일제시기 반식민사학의 전개」, 『한국사상과 문화』 9호, 2000, 125쪽.
10) 안재홍, 「嗚呼! 丹齋를 哭함」, 『조선일보』 1936.2.27, 안재홍선집간행위원회 편, 『민세 안재홍선집 4』, 지식산업사, 1992, 이하 『선집 4』, 187쪽.

신채호에게 『조선상고사』, 『조선상고문화사』 연재의 기회를 제공했던 각별한 사이였다.

　민정장관직을 사임(1948.7.15.)한 1948년 9월 15일, 안재홍은 『조선상고사』 출간에 맞춰 〈서문〉을 쓰면서 신채호와의 인연을 회고하고, 항상 단재를 존경했다고 소회를 표하면서 "단재의 일념은 첫째는 조국의 씩씩한 재건이었고, 둘째는 그것이 미처 못 된다면 조국의 민족사를 똑바로 써서 시들지 않는 민족정기가 두고두고 그 자유독립을 꿰뚫는 날을 만들어서 기다리게 하자는 것"11)이었다고 신채호의 역사서술이 민족의식의 세련과 앙양, 국풍(國風)의 진작과 선양에 목적을 두었음을 강조했다. 반면 안재홍은 1930년대 민족주의 사학과 조선학 운동에서도 신채호와 정인보의 고대사 계통을 그대로 따르되 한층 구체적이고 체계적으로 해명하는 방법론적 발전을 보여주었는데,12) "사학자로서의 신단재(申丹齋)는 현대 역사과학의 주력체계인 사회경제사적 인식의 방법을 취하지는 아니하였다"13)고 비판적으로 평가하면서 "현대의 사학자로서 가장 진보한 역사과학적 사회경제사관적 전구(全具)한 안식을 가지지 않은 것은 혹 백옥의 티"14)라고 평가했듯이, 안재홍은 자기 시대 역사연구를 관념사에서 사회경제적 조건의 천착을 통한 분석으로 전환해야 한다고 주장했다.

　사실 안재홍의 청소년기 학습배경을 고려하면, 그는 이미 전통적인 역사관, 즉 유가적 순환론을 역사관의 기본골격으로 수용하고 있었다. "오백 년마다 반드시 훌륭한 임금이 나타났고 그 사이에 반드시 세상에 이름을 떨친

---

11) 단재 신채호 원저, 박기봉 옮김, 『조선상고사』, 비봉출판사, 2006, 6-8쪽.
12) 최영성, 앞의 글, 2000, 137쪽.
13) 안재홍, 「申丹齋學說私觀」, 『조광』 2권 3호(1936.4.15), 203쪽.
14) 안재홍, 「申丹齋學說私觀」, 206쪽.

인물들이 있었다"[15]는 맹자의 역사관이 오백 년을 기점으로 주기적 순환이
라는 일치일란(一治一亂)의 법칙성으로 제시되었듯이, "인류역사는 마치 파
형(波形)의 굴곡선으로 표시할 수 있는 것과 같이 차제로 전복된 전란과 평화
의 시기가 있는 것이다. 경제학자의 주장하는 주기적 공황의 원인이 나변(那
邊)에 있을는지 그도 흥미 있는 일이지만 인류사상 평화기와 전란기가 또한
주기적으로 순회되는 것도 한 큰 사실"[16]이라는 안재홍의 역사인식도 마찬
가지로 인류역사가 일치일란의 법칙성에 따라 필연적으로 발전의 방향성으
로 전개된다는 것으로 확장되어 있었다.[17]

　반대로 안재홍은 과거 사대주의적 역사관에 강한 거부감을 피력한다. 안
재홍은 김부식(金富軾)을 "한화파(漢化派)의 거괴(巨魁)이라, 자존파(自尊派)
라고 할 낭도의 한 별파인 묘청·백수한 등과 알력하여 서경의 변란이 격성
되고 또 평정된 후 이러한 방면의 일은 힘써 알려 아니 하였고 즐기어 말살하
던 자"[18]로서 사대주의적 역사관의 기원으로 소급하여 비판하고, 이와 더불
어 "유물사관의 성문(成文)만 헛되이 읽을 수 있는 자로서는 왕왕 일편 사회
경제사의 단일직선적인 해설로만 스스로를 국척(跼蹐)케 하여 오히려 득득
연(得得然)함이 있으되 그 필연의 귀취가 실은 경제적 숙명론자가 아니되면
혹은 모적적(慕赤的) 소아병자가 될 수 있는 것"[19]이라고 지적하면서 유물변
증법적 역사관이 갖는 투쟁사관을 맹목적으로 수용하는 경제적 결정론 내지

---

15) 『孟子』 「公孫丑下」 13, "五百年必有王者興, 其間必有名世者."

16) 안재홍, 「反動線上의 世界와 및 그 趨勢」, 『개벽』 6권 1호(1925.1.1), 29쪽; 고려대학교
　　박물관 편, 『민세안재홍선집 6』, 지식산업사, 2005, 이하 『선집 6』, 268쪽.

17) 윤대식, 『건국을 위한 변명: 안재홍, 전통과 근대 그리고 민족과 이념의 경계인』, 신서
　　원, 2018, 53-54쪽.

18) 안재홍, 「朝鮮上古史管見(十三)」, 『조선일보』 1930.02.11, 4면.

19) 안재홍, 「申丹齋學說私觀」, 202쪽.

공산주의적 유물사관의 찬양도 경계했다.[20]

그렇다면 안재홍의 역사관은 구체적으로 무엇이었을까? 앞서 신채호의 역사관은 궁극적으로 역사보다 민족에 방점을 찍고 있다는 점, 즉 이념을 결여한 고증적이고 실증적인 체계만으로는 국사의 올바른 이해가 불가능하다는 입장이며, 민중을 역사의 주체로 파악하고 민족정신이라는 강한 정신사적 성격을 지닌 것이었다.[21] 이와 달리 안재홍은 신채호의 사학이 민족과 민중을 역사의 주체로 발굴하고, 민족정기와 민족정신을 역사발전의 동력으로 채택했다는 점에서 높이 평가하는 동시에 정신적 측면만을 강조함으로써 관념사로 빠질 위험성과 취약한 설득력을 지닌다는 점을 지적하면서 역사발전이 사회경제적 요인, 즉 구조적 변동에 따라 왕, 사대부 등 주체에서 민중, 민족이 주체가 된 질서로의 필연적 전이를 강조했다는 사실에 주목할 필요가 있다. 그것은 안재홍의 학습배경 중 와세다 정치경제학부를 졸업한 영향으로 인해 역사서술 방식에 사회과학적 엄밀성을 강조한 방증이며, 이렇듯 전통과 근대의 혼용된 학습배경이 안재홍의 정신 영역에 양면성을 배태했음을 시사한다. 즉 사회경제적 요인과 계급투쟁으로 역사발전을 설명하는 유물변증법에 적극적으로 대응하면서도 민족이 역사의 주체로 부상하게 된 구조적 요건과 계급투쟁의 종식 또는 초월의 타당성을 설명할 수 있었던 것이다. 이 점은 안재홍의 정치적 삶이 보여주는 아포리아의 돌파(좌우합작, 민공협력, 전통과 근대의 정합, 민족과 이념의 융합 등)라는 특징으로 공고화 된다.

사실 역사에 대한 과학적 방법론의 적용과 과학(science, 學)으로서 역사를 강조하는 안재홍의 태도는 일본 유학 시기인 1910년대 일본에 유입된 진화론

---

[20] 윤대식, 앞의 책, 2018, 49쪽.
[21] 최영성, 앞의 글, 2000, 127-128쪽.

과 유물론 등에 영향을 받았고, 전반적으로 근대화=과학주의로 맹신했던 19세기 유럽의 지성적 분위기가 일본에도 그대로 유입되었던 시대적 상황과 맞물려 있을 것으로 추론할 수 있다. 그럴 경우 안재홍은 일찍이 일본 관학자들이 학습한 실증주의 사학이 갖는 특징과 이를 토대로 한 식민주의 사학의 학습과 그 한계를 간파하고 있었을 테고, 그 대응으로 사회경제적 요건과 구조의 변화를 추적하는 방법론을 요구했던 것일 수도 있다. 또한 안재홍이 채택하게 될 연구방법이 언어학적, 발생학적 접근법이었을지라도, 당대 유럽의 역사학이 채택한 랑케의 실증주의 패러다임과 프랑스 아날학파의 과학적 방법론과 마찬가지로 역사를 과학으로 다루어야 하며 과학적 설명과 예측이라는 기능을 역사학 역시 갖추어야 한다는 점을 분명히 했다는 것은 괄목할 만하다.

　이미 잘 알려져 있듯 18세기까지 역사학은 고전학, 문헌학, 신학, 정치학, 철학의 보조학문 또는 하위학문의 지위에 머물렀다. 그 후 시간의 가속적 변화와 산업혁명-미국혁명-프랑스혁명 등으로 이어지는 정치사회적 사건들을 경험하고 사료비판과 같은 역사 방법론이 정립되면서 새로운 근대학문으로 자리 잡는 계기를 마련했다. 근대학문으로의 지위를 스스로 입증해야 하는 시점에 이르러 당시 콩트(Auguste Comte, 1798-1857)가 제창한 실증주의 사조도 한몫했는데,[22] 엄격한 사실의 확인, 과학적 검증과 반증가능성에 입

----

22) 콩트가 제시한 3단계 법칙, 즉 신학적-형이상학적-실증적 단계로의 발전법칙은 그 자체가 하나의 역사철학으로 이해될 수 있다. 이로부터 실증주의의 성격은 자연과학적인 직접관찰이고 역사학에 적용될 때 실증주의 사학은 사실확인과 법칙구성이라는 두 단계를 거쳐 완성된다. 그런데 사실의 경험적 확인에 몰두할 경우 법칙수립이라는 비경험적 작업은 양립 불가능해진다. 그래서 사실확인 단계에 중점을 두는 사학을 '실증사학'으로, 법치구성에 중점을 두는 사학을 '실증주의 사학'으로 구분한다면, 콩트의 역사철학을 실증주의 사학으로 규정할 수 있으며 '과학적 정신 속에서 잉태된 진정한 역사가 추구한 것은 사실 확인, 곧 실증이 아니라 법칙수립이라는

각한 합리적 방법론의 확립, 연구와 서술의 방법적 이원화 등이 활용되면서 1824년 레오폴드 폰 랑케(Leopold von Ranke, 1795-1886)가 『라틴 및 게르만 제민족의 역사 1494-1514』에서 역사가의 임무를 '본질적으로 있었던 그대로'를 보여주는 것으로 천명함으로써 역사주의의 출현을 가져왔다.[23]

랑케는 확증된 자료에 입각해서 역사를 서술해야 한다고 믿었기 때문에 대상이 스스로 말하도록 해야 한다는 입장을 취하며 역사가의 주관이 개입된 담론과 학문적 서술을 구별하려고 했다.[24] 그것은 역사적 사실 그 자체가 중요성을 표출하고 있기 때문에 역사가의 임무란 가치중립적 입장에서 빠짐없이 웅변하는 중요한 사실들을 수집하고 서술하는 것에 있다는 입장이다. 이러한 랑케의 역사관은 과거의 역사적 사실이 역사가가 관찰하기 전에 이미 실재한다는 또는 그것을 객관적으로 재현하는 것이 가능하다는 경험주의적 인식과 믿음을 전제로 하는 것이었다.[25] 흥미로운 사실은 랑케의 실증주의 사학이 철저한 고증과 사료비판을 통한 과학적이고 객관적인 연구 방법론을 추구함으로써 어떠한 편견이나 개인적 판단의 개입을 차단하고 역사적 사실에 근거하여 각 민족사의 개별성과 특수성을 밝히는 것이 목적이었기

점에 주목할 필요가 있다. 김응종, 「실증사학과 실증주의 사학-19세기말 프랑스의 역사학을 중심으로」, 『역사와담론』 19-20합집, 1992, 316-318쪽.

[23] 최성철, 「서구 '현대 역사학'의 탄생」, 『한국사학사학보』 40집, 2019, 251쪽.

[24] 이로 인해 하인리히 레오(Heinrich Leo)는 랑케의 역사서술이 무미건조하고 생명력 없다고 비판했는데, 이러한 입장은 르네상스-계몽주의기에 이르기까지 역사를 '발생한 것에 관한 이야기'로 간주했던 데 기인한다. 그러나 18세기 후반부터 역사학자들은 역사서술이 아닌 역사학이라는 용어를 선호하고 역사가라는 새로운 표현을 사용하면서 사료비판의 방법과 함께 고전학, 비문학, 족보학, 문장학 같은 보조학문도 비약적으로 발전함으로써 역사학이 순수한 사실의 가공 외에도 연대기적 정확성, 시간과 인과성에 대한 감각을 강조하기 시작하는 역사주의로의 이행을 가져왔다. 최호근, 「레오폴트 폰 랑케의 역사 내러티브」, 『역사학보』 242집, 2019, 136-140쪽.

[25] 김헌기, 「역사주의 이데올로기와 역사학」, 『사림』 38권, 2011, 266쪽.

때문에, 세계사적 보편성보다 민족의 개별성을 중시하는 민족주의 사학으로 분류될 수 있다는 역설이 형성된다는 점이다.[26]

랑케는 독일 관념론의 전통하에 헤겔 철학이 정점에 달했던 1828년 베를린 대학의 역사학 교수로 취임하면서 헤겔의 역사철학을 '관념적'인 것으로 비판하며 경험적 역사학으로 극복해야 한다고 주장했다. 그것은 역사를 변증법적이며 인류의 자기산출의 보편적 과정으로 인식하여 반성적 표상의 개입을 통해 시대정신에 특징적인 정치적 행적들, 행위들, 습속들과 같은 보편자를 통찰하는 것으로 규정한 헤겔과 달리 개별적인 것(induviualiät), 구체적인 것들의 '일반적 연관성'에 주목하여 역사발전의 추상적 원리가 아닌 개별적인 것의 보편적 발전원리를 제시하는 정반대의 입장이었다.[27] 즉 각 민족의 개별적 역사를 인식하는 것이 곧 보편적 세계사를 이해한다는 것이다.[28]

반면 랑케가 역사를 이념적인 것이 아닌 구체적이고 개별 사실들 간 인과성에 따른 것으로 강조했지만, 이념 자체를 역사적 설명방식에서 배제한 것도 아니었다. 비록 19세기 경험과학의 한 분과로서 역사학이 정립되는 과정이었지만 전통적인 이야기 방식의 역사서술이 소멸하지 않았고, 랑케는 '엄밀한 학문'과 '아름다운 예술' 간 동시적 실현이 가능하다는 입장에서 허구에 대한 배격과 사실존중을 강조했어도 탈수사적 표현만을 고수한 것이 아니라 심미적 서술을 포기하지 않았다는 점도 주의해야 한다.[29] 따라서 일본 역사가들에게 랑케 실증주의 사학이 수용된 이유도 후진국 독일의 부흥을 가져온 해답이 역사학에 있다는 점에 착안하여 자국의 빈곤한 역사를 극복하고

26) 임종권, 「한국 실증주의 사학의 계보-식민사관과 상관성」, 『역사와융합』 2집, 2018, 45쪽.
27) 김현기, 앞의 글, 2011, 262-265쪽.
28) 임종권, 앞의 글, 2018, 47쪽.
29) 최호근, 앞의 글, 2019, 141-142쪽.

제국으로서 지배력을 확고히 하기 위한 학문적 도구로 채택되었던 것이며, 객관성보다 민족주의 사상에 바탕을 둔 역사학이었기 때문에 랑케 실증주의 사학의 사실성과 객관성으로 포장된 일본 제국주의 사학, 즉 식민주의 사학의 창안으로 이어졌던 것이다.[30] 신채호의 민족주의 사학은 바로 식민주의 사학의 위장된 실증주의에 맞선 대응논리로 똑같이 실증주의에 입각해서 민족과 국가를 서술하고, 랑케 실증주의 사학에서 배제했던 이념과 이야기의 요건들을 더 보완함으로써 일본의 제국주의 침탈논리에 우위를 점하려는 투쟁수단이었던 셈이다.

그렇다면 신채호의 민족주의 사학 정신을 계승하면서도 그 실증의 방법에서 이념을 배제하고 보다 엄밀한 사회과학적 요건들을 충족시키기 위해서 안재홍이 채택한 방법은 무엇일까? 바로 이 지점에서 안재홍은 방법론적 차별성과 '학습된 공적 행위자'로의 정체성을 비교할 수 있는 대상으로 아날학파의 마르크 블로크(Marc Bloch: 1886-1944)와 중첩되는 모습을 보여준다. '20세기 역사학의 혁명'으로 평가받으며 역사연구에 경제학, 사회학, 지리학, 인구통계학 같은 사회과학의 방법론을 끌어들여 랑케 사학과의 투쟁전선을 확장시켰던 아날학파는 1929년 루시앙 페브르(Lucien Febvre)와 마르크 블로크에 의해 창간된 『경제사회사 연보』에서 그 명칭이 유래한다.[31] 블로크에게 역사학은 시간 속 인간에 관한 학문이고, 그 인간은 정치엘리트나 리더가 아닌 노동과 일상생활의 인간들, 즉 보통 인간이었으며 고립된 개체로서 인간이해가 아니라 사회적 존재이자 집단적 연관 속에서만 파악될 수 있는 존재로서 인간의 삶을 탐구하는 것이었다.[32]

---

[30] 임종권, 앞의 글, 2018, 49쪽.

[31] 최성철, 앞의 글, 2019, 262쪽.

[32] 이재원, 「마르크 블로크: '역사를 위한 삶'」, 『역사와문화』 12호, 2006, 261쪽.

　그런데 예상과 달리 블로크는 역사연구에 사회학자들의 방법을 그대로 차용하지 않고 이와 차별되는 역사학적 비교연구를 선호했는데, 이런 태도는 1928년 오슬로에서 개최된 국제 역사학대회에서 민족사, 국가사 중심의 역사서술을 탈피할 것을 요구하는 데서 출발한다.[33] 여기에서 아날학파는 인간에 대한 폭넓은 이해를 지향하면서 동시에 역사학이 과학임을 천명하며 더 이상 연대기나 이야기체의 서술로 만족해서는 안 된다는 점을 명확히 한다. 즉 역사학 또한 과학적 방법에 의거해 생산되는 지식으로서 문제를 제기하고 가설을 세우고 검증을 하고 해결을 해야 한다는 것이다.[34] 블로크는 '장기지속성'이라는 개념을 도입하여 사회경제적 요건이 구조 속에서 인간, 특히 민중의 삶을 어떻게 변동시켰는지를 계속 관찰해야 한다는 점을 강조함으로써 단선적이고 시간적 선후관계에 따른 사실들 간 인과관계를 서술하는 실증적인 역사학 방법론을 배제하고 설명과 예측의 기능으로 역사학을 재정의했던 것이다.

　미완성으로 남은 『역사를 위한 변명: 역사가의 사명』에서도 블로크는 어떤 경우에도 역사가가 포착하고자 하는 것이 바로 시간의 흐름에 따른 변화이고, 시간 속의 인간들에 대한 학문으로서 역사학이 죽은 사람에 대한 연구와 살아 있는 사람의 연구를 결합하도록 끊임없이 요구받고 있기 때문에 살아 있는 것을 이해하는 능력이야말로 역사가의 중요한 자질이라고 지적하면서 과거를 현재에 재현하기 위해서 요구되는 상상력이야말로 현재와의 끊임없는 접촉에 의해서만 가능하다는 점에서 일상의 경험에 도움을 받고 있다고 강조했다. 그것은 역사학자가 단지 오래된 과거의 자료만을 탐닉하는 골동품업자와 구별되는 기준이고, 어느 누구도 자신의 전문분야에서조차 완전

---

33) 고원, 「마르크 블로크의 비교사」, 『서양사학』 93호, 2007, 160쪽.
34) 김응종, 「아날학파와 역사의 공간화」, 『황해문화』 9호, 1995, 395-396쪽.

한 지식을 가질 수 없기 때문에 상호협력에 의해서만 유일한 참된 역사가 이루어질 수 있다는 점을 분명히 하는 것이었다.[35]

그러나 안재홍과 대비해서 블로크에게서 주목해야 할 사안은 과학으로서 역사학 방법론이 아니다. 알자스 출신의 유대계 프랑스인으로, 지적 엘리트로의 평탄한 삶과 1차 세계대전 종군 등 지식인의 실천적 삶을 보여주었던 블로크는 2차 세계대전에도 종군했는데 1940년 무력하게 패배한 프랑스의 모습에서 이 '이상한 패배'가 역사교육의 부재 또는 실패로 인한 결과임을 찾아냈다. 그래서 『역사를 위한 변명: 역사가의 사명』은 역사란 무엇이고 역사가란 어떤 사람인지를 소개하는 역사 교재로의 의의를 지니지만, 사실 블로크가 레지스탕스 활동에 투신하여 '낡은 소총'(Le Vieux Fusil)을 들고 독일군과 맞서 싸우는 것이야말로 역사를 학습한 역사학자가 알고 있는 진리이자 해야 할 책무임을 명증하는 과정이었고, 그 결과물로서 낮에 지하에 숨어 역사가의 사명을 고백한 기록의 의미를 지닌 것이기도 하다.

상기한 배경으로부터 1944년 6월 16일 게슈타포에게 총살되는 비극적인 죽음을 맞이했던 블로크가 고대 동서양의 합리주의 전통이 공통으로 제시한 '학습'을 정확히 이해하고 실천한 공적 행위자였음을 추출할 수 있다. 그것은 '배운 대로 몸에 습관화'함으로써 역사적 진리로부터 각성한 부당한 외부침략자에 대한 저항의 책무를 이행한 것이었다. 결국 블로크의 정신은 활동과 정합되어 있었다. 바로 이 점에서 사회경제적 요건과 구조의 변동과정을 추적하는 사회과학적 엄밀성을 민족주의 사학에 적용해야 한다는 역사의식과 시종일관 식민당국에 비타협적인 투쟁을 지속했던 안재홍의 정신과 활동의 삶이 기시감을 보여줄 정도로 블로크와 중첩되어 있다는 사실을 엿볼 수 있

---

35) 마르크 블로크 지음, 고봉만 옮김, 『역사를 위한 변명: 역사가의 사명』, 한길사, 2008.

다. 동시대 정반대 공간에서 동일한 상황에 직면했던 두 지식인의 각성한
역사의식과 전체주의와의 투쟁을 전개한 활동의 삶은 정확히 일치한다. 그
리고 두 사람 모두 자신의 조국이 범한 과거의 오류를 되풀이하지 않기 위해
종군-레지스탕스-언론계몽-역사교육 등 참여를 통해 스스로 역사의 정당성
을 입증하려고 했다. 두 사람의 저작인『역사를 위한 변명』과『조선통사』가
미완으로 남겨졌다는 사실도 공통점이다. 다만 블로크는 조국의 해방을 보
지 못했고, 안재홍은 해방된 조국의 국민국가 건설과제를 미완으로 남겼다는
점이 다를 뿐이다.

3. 「조선상고사관견」에서 『조선통사』로

안재홍은 "인류의 역사는 투쟁의 역사이다. 첫째는 자연에 향한 정복의
투쟁이요, 둘째는 역사발전의 각 단계에 따라, 씨족 혹은 부족 간의 생존투쟁
으로부터, 종족 혹은 국가 민족 간의 투쟁의 역사인 것이요, 셋째는 사회역사
에 있어서의 계급투쟁인 것"[36)이라고 외형상 '투쟁'을 기본개념으로 채택한
역사이해를 보여준다. 그것은 신채호의 민족주의 사관에 영향 받았음을 보
여주는 방증일 수 있다. 신채호는 역사를 '아(我)와 비아(非我)의 투쟁'으로서
'시간으로부터 발전하고 공간으로부터 확대되는 심적 활동의 상태에 관한
기록'으로 정의했다.[37) 하지만 신채호가 투쟁사관을 채택했어도,[38) 유물변

36) 안재홍,『韓民族의 基本進路』, 조양사, 1949, 87쪽.
37) 신채호,『조선상고사』, 2006, 24쪽.
38) 국망 이전 신채호의 역사관은 사회진화론에 의거한 강자 중심의 진화사관을 견지하
    고 문명 부강한 근대국가로의 역사발전을 지향하는 것이었지만, 국망 이후 약소민족
    의 생존원리를 추구하고 민중 중심의 역사인식으로 나감으로써 민중투쟁에 의한 역

증법을 선택한 것은 아니었다. 그는 "역사는 역사를 위하여 역사를 쓰는 것이고, 역사 이외 무슨 다른 목적을 위하여 쓰는 것이 아니다. 자세히 말하자면 사회의 유동상태와 거기서 발생한 사실을 객관적으로 그대로 쓴 것이 역사이지, 저작자의 목적에 따라 그 사실을 좌지우지하거나 덧보태거나 혹은 바꾸고 고치라는 것이 아니다 … 이전의 조선의 사가들은 언제나 그 쓰는바 역사를 자기가 목적하는 바를 위하여 희생시켰다"[39]고 실증주의를 피력했다.

안재홍의 역사관도 신채호의 민족주의 사학이 내포한 실증주의를 계승하고 있지만, 보다 엄밀한 방법론적 보완을 강조하며 상고사에 대한 비교언어학적 분석을 이용해서 최초 모계 가족공동체로부터 단군조선을 거쳐 삼국(三國)시대까지의 역사전개를 사회경제적 발전의 결과이자 정치형태의 고도화 과정으로 설명함으로써 신채호의 투쟁사관이 지닌 한계성을 돌파하려고 했다.[40] 비록 안재홍의 상고사(上古史) 연구가 『조선통사』(1941)로 미완된 채 해방 이후 『조선상고사감』으로 급히 마무리되었을지라도,[41] 그의 상고사

사발전이라는 혁명사관을 갖게 되었다. 김기승, 「식민지시대 민족주의 사학자들의 역사인식」, 『내일을 여는 역사』 25호, 2006, 78-79쪽.

[39] 신채호, 『조선상고사』, 2006, 30-31쪽.

[40] 안재홍은 신채호의 사학이 낭만적 관념론 단계에 머물 뿐 역사과학의 단계로까지 진입하지 못했다는 점을 지적했는데, 민족주의 역사학과 과학의 결합을 주장한 배경으로 그가 와세다 대학 정경학부를 졸업한 사회과학도였다는 사실도 고려해야 한다. 특히 고조선을 중심으로 한 고대사의 이해에 사회과학적 지식이 필요함을 역설하고 훗날 신민족주의 역시 사회과학적 이해를 바탕으로 한다는 점에서 그가 사용하는 '역사사회학'이라는 용어의 빈도 역시 주목할 만하다. 김수태, 「안재홍의 신민족주의와 사회사 연구」, 『한국근현대사연구』 24집, 2003, 96-98쪽.

[41] 1930년대 중반 안재홍은 유물사관에 대항할 자신의 역사관을 정립하려고 노력했는데 해방 이후 그의 저서 『新民族主義와 新民主主義』(1945), 『韓民族의 基本進路』(1949)의 기초를 이루면서 종합적 유물사관으로 완성되었다. 1934년 이후 본격화 한 안재홍의 조선학 연구는 후진적 사회상태에 놓인 민족 내부조건과 국제화라는 민족 밖의

연구방법을 들여다보면, "한강의 유역, 조선적인 생활양식을 다분(多分)으로 표현하는 모든 도시와 촌락, 봉강(峯糠)과 계곡, 삼림과 전야가 그대로 국토애를 자아내는 바요 … 그것이 곧 민족애요 역사에 대한 추억이요 국가 영원한 발전에의 감분(感奮)으로 되는 것"[42]이라고 역사발전의 동력으로 민족의식을 제시함으로써 혈연공동체인 가족단위로 출발한 노정에서 촌락-민족국가로의 전개과정을 통해 '민족'이 향후 수립될 근대국가의 주체로 위상을 지니도록 설계되었다.[43] 그것은 진화론에 근거한 발생학적 접근법을 채택하면서도, 정신의 각성에 따른 의식의 형성이 실제 행위에 선행한다는 헤겔과 맑스의 역사철학까지 포괄하고 있음을 보여준다.

더불어 "무엇보담도 언어학 토속학 신화학 비교종교학 등 고대사회에 관한 제학문을 요한다. 그러나 나와 같은 속학배로서 그것은 거의 불가능 … 특히 비교언어학적 연구에 있어서는 조선어와 한 가지 『우랄알타이아』어계에 속한 만주어 몽고어 여진어 흉노어 토이기어 등을 참고할 필요가 있으나 오직 한자(漢字) 음의(音意)의 독변(讀變)한 자취와 일본어와들 주장으로 대조키로 할 밖에 없는 것"[44]이라는 고민에서도 드러나듯, 안재홍의 과학적 역사학은 정신의 반성적 표상으로서 언어의 비교분석을 학제 간 협업을 통해

조건이 경위를 이루는 좌표에서 비롯했다. 즉 조선 민족은 식민상태로부터 생존방편을 찾는 동시에 세계 속에 교호하는 민족집단과 함께 병존해야 하는 책무가 있기 때문에 조선적인 것과 세계적인 것을 회통(會通)하는 제3신생적인 것-조선아(朝鮮我)-이 요구된다는 것이다. 그것이 조선학의 출발지점이었다. 안재홍의 조선학과 그 과제였던 상고사 연구는 정치적 동작이 아니었지만 문화적 공작으로서 민족의 진로와 관계있는 연구영역이었던 셈이다. 김인식, 「1930년대 안재홍의 '조선학'론」, 『한국인물사연구』 23호, 2015, 146쪽, 169-175쪽.

42) 안재홍, 『新民族主義와 新民主主義』, 민우사, 1945, 12쪽.
43) 윤대식, 앞의 책, 2018, 59-60쪽.
44) 안재홍, 「朝鮮上古史管見(三)」, 『조선일보』 1930.01.30, 4면.

반증하고 그 결과물로 의식의 실질을 규명해서 현재 행위양상과의 인과관계를 규명하는 방식을 취한다. 이렇듯 한국사라는 개별역사를 비교언어학적 · 민속학적 · 발생학적으로 접근하여 조선사 연구의 가치가 동양 역사에서 중요한 위치에 놓여 있었다는 사실과 조선 문화의 높은 기여도를 보편사의 맥락에서 재조명한 실험적인 작품이 바로 안재홍의 「조선상고사관견」이다.[45]

「조선상고사관견」은 『조선일보』에 1930년 1월 29일~4월 5일까지 총 57회(실제 56회)에 걸쳐 연재되었다. 연재내용은 크게 조선문화창성과정(朝鮮文化創成過程)과 특수문화 종종상(特殊文化 種種相)으로 나뉜다.[46] 안재홍은 서론에 해당하는 첫 기고문에 "소년시기에 泯滅된 朝鮮史乘을 위하여 그의 篇纂者作으로써 己任을 삼겠다는 想望만은 가져본 적도 있지만 나의 생애는 이를 許치 않았다"고 회고하며, "사회과학을 연구하는 입문의 일방편으로 겨우 허여된 『고대사회』를(류이스 모-간 著, 高畠素之 譯) 열독하기 시작하여 전혀 우연한 암시를 받은 것이 원인으로 零碎散逸한 조선의 고문헌에 대하여 언어 토속 종교 등 學에 의거한 고대 사회학적 고찰을 가하기로 되었다"고 연구방법의 차별성을 소개한다.[47] 그리고 조선상고사를 단군(檀君) 이전의 사회상태-족명, 인명, 직명, 지명 등에 내포된 어의-단군에 대한 해석-기자동래(箕子東來)설의 파쇄-조선색(朝鮮色)의 추출을 통해 재구성하려 했다.[48]

---

[45] 역사가로서 안재홍은 1930년 1월 「조선상고사관견」을 『조선일보』에 연재하면서 『조선통사』, 『조선상고사감』의 기초를 마련했다. '단군'이라는 말조차 불온한 것으로 의심받던 시기에 일제 어용학자들이 내세운 식민주의 사학에 대항하여 민족주의 사학을 정립하려고 했던 안재홍의 노력 그 자체가 또 다른 형태의 민족해방운동이었다. 김인식, 「안재홍, 중도의 길을 걸은 신민족주의자」, 『내일을 여는 역사』 11호, 2003, 212쪽.

[46] 윤대식, 앞의 책, 2018, 280쪽 각주 19) 참조.

[47] 안재홍, 「朝鮮上古史管見(二)」, 『조선일보』 1930.01.29, 4면.

[48] 안재홍이 상고사에 집중한 것은 유교와 같은 외래사상에 오염되지 않은 '민족 순수의

먼저 안재홍은 원시상태의 전(前)역사 시대를 추론하기 위해 언어학, 토속학, 신화학, 비교종교학 등의 도움을 받아야 하지만 현실적으로 불가능하다는 점을 전제하고, 조선의 언어적 특성 중 사람을 지칭하는 늙은이·젊은이·어린이 등의 용례로부터 '~이'의 어의를 추출하여, 이것이 본래 생명을 의미하는 말로 그에 해당한 前記 各種에 통용되는 말이라고 소개한다. 즉 '아이', '어이'(어른), 『업』어이 父親, 『엄』어이 母親, 지업어이 夫, 지엄어이 婦, 아지엄어이 叔母, 아지업어이 叔父 등을 열거하면서 우리를 지칭했던 동이(東夷)의 이(夷) 역시 큰 활(大+弓)로 파해해보면 '대'는 '되'(狄)의 寫音(말소리를 문자로 그대로 옮겨 적은 것)을 겸한 것으로 상상하기 전에, 먼저 『이』로써 自稱하고 또 他稱하는 고대 殷人의 칭호에 대하여 大弓의 뜻과 한 가지 『이』의 표음까지 취한 것임을 추정할 수 있다는 것이다.[49]

그렇게 보면 동쪽의 이족(夷族)이라는 뜻을 가진 '동이'에서 방향을 나타내는 동쪽은 명백한 사실이고, 이(夷)라는 단어가 각별해진다. 춘추시대 "관중이 없었다면 우리는 머리를 풀어헤치고 옷깃을 왼쪽으로 여미었을 것"[50]이라고 관중을 극찬하며 중원과 사방의 관계를 상하, 존귀, 문명과 야만의 위계로 규정했던 공자의 의도에 따라 존왕양이(尊王攘夷)의 중화적 관념이 형성된 이후 사방의 이민족(異民族)은 야만으로 규정되었다. 이와 관련해서 안재홍은 동이가 '동쪽 사람'(~이)이자 '우리'의 원형적 정체성을 가리키는 용어이고, 우리 역사에서 '활'과 관련된 건국신화, 예를 들어 고구려의 주몽신화,

---

시대'였으며, 일본인이 비난해 마지않는 '반도인의 속성이 없는', '대륙의 기상이 넘치던' 민족성의 원형질이 담겨 있었기 때문이다. 이진한, 「민세의 한국 중세사 인식과 유물사관 비판」, 민세안재홍선생기념사업회, 『안재홍의 항일과 건국사상』, 백산서당, 2010, 116쪽.

[49] 안재홍, 「朝鮮上古史管見(三)」, 4면.
[50] 『論語』 「憲問」, "微管仲, 吾其被髮左衽矣."

이성계의 신궁 등 '이'(夷)라는 정체성을 분명히 하는 민족의식을 형성했다는 의미를 강조했다. 그리고 '이'가 '사람'을 가리키는 접미사임을 근거로 우리의 언어습관에서 모든 역사적 사실과 소재를 추출할 수 있다고 분석했던 것이다.

이제 안재홍은 사회사적 접근으로 어원의 비교분석을 통해 최초 공동체의 성격을 모계(母系)사회로 단정할 수 있는 근거를 제시한다. 그것은 채집경제에서 수렵경제로 전이되는 야만에서 미개의 시대로 넘어가는 역사단계를 지칭한다. 여기에서 "인민은 群婚 團體婚의 제도로서 性에 기초한 단순한 사회조직의 형태를 가진 여계 중심의 혈족시대요, 주거는『굴』이란 穴居와『움』이란 一穴居로부터 차기의 가옥구조에의 과도형식인 一半穴半屋의 원시적 건물을 가졌다가 말기에는『울』이라고 하는 조악한 木柵(울타리)을 두른 공동가옥을 발명"[51]했다고 추론하고 최초의 공동체적 삶으로서 가족공동체가 모계 혈통을 중심으로 출발했다는 명제와 그 성립 선행조건으로 경제적 생산행위의 변화를 거론함으로써 사회경제적 변동에 따른 역사의 발전을 제시한다. 아마도 가족공동체의 공간을 경계 짓는 '울타리'의 어원으로 '움막', '움집'을 추론했던 것일지 모른다.

분명한 것은, 최초 '인간다운 삶'을 사회사적 맥락에서 접근했기 때문에, '인간의 삶'이 공동체적 삶으로부터 출발하고 있으며, 그 공동체의 성격은 '같은 어머니'를 시원으로 하는 정체성을 공유한다는 점이다. 사실 이러한 추론은 사회과학적 방법론을 원용한 민속학, 인류학, 지리학 등 제국주의 침략의 도구적 학문분야에서 이미 제시하고 있는 설명모형이었고, 안재홍 역시 와세다 유학 중 이러한 근대 학문의 세례를 받았을 것이다. 하지만 언어학의

---

[51] 안재홍, 「朝鮮上古史管見(四)」, 『조선일보』 1930.02.01, 4면.

분석 틀을 원용하여 고유한 우리말의 어원과 어의로부터 보편적인 사회경제적 변동과정을 추적할 수 있는 단서를 찾아내는 작업을 진행했다는 사실에 주목할 필요가 있다. 그래서 안재홍은 가족공동체 출현을 추론하고 "공동가옥인 『울』의 발명과 함께 발달되는 사상은 『아지엄어이』를 통하여 관념되는 大神(神) 신앙과 한 가지 浩茫한 天界 그것을 『한울』—大履라고 관념하는 신앙의 철학적 進境 그것"[52]이 된다는 논리를 전개할 수 있었다. 그로부터 이 미개시대의 구조적 특징을 『아지엄어이』(叔母) 시대, 즉 『지업어이』(夫) 남계 족장 시대를 지나 『지ᄋ리』 시대가 완성하기 전 수천 년의 시간이 흘러 『단굴』 혹은 『땅걸』인 단군시대의 출현을 가져왔을 것으로 상정한다.[53] 이 『아지엄어이』가 '아씨'의 어원이라는 것이다. 그리고 최초 모계 가족공동체로부터 출발한 인간의 삶은 "거룩한 한 어머님이 다스리는 사회가 있었으니 阿斯達의 사회라, 매우 소박한 생활이 蒐集과 漁獵의 토대 위에 조직되어 農牧사회의 시초에까지 갔던" 동방에서 가장 오래된 형태라는 것이다.[54]

도대체 어떻게 해서 『아지엄어이』가 모계사회를 추론하는 근거가 된다는 말인가? 안재홍은 비교언어학적, 발생학적 접근법으로 이를 논증하려고 한다. 즉 "조선어를 縱系的 橫列的으로 검토하여 사회진화의 단계와 쌍행하는 발생적 과정을 찾아내고 이에 일본어의 그것으로써 대조할 때 … アマ(아마; 여승), アメ (아메; 소나기)등 天을 뜻한 일본어가 여성에 관한 最古型 같이 된 海女(アマ) 그것과 한 가지 『엄어이, 어메』一步를 나아가서는 『암마이』 (牝兒)라는 여성에 관한 最古型의 口語와 동일한 것"임을 추적하여 엄어이=어메=아지메라는 전개과정을 추론한 뒤 "틀림없는 동남부 영남에서의 叔母

52) 안재홍, 「朝鮮上古史管見(四)」, 4면.
53) 안재홍, 「朝鮮上古史管見(四)」, 4면.
54) 안재홍, 『조선통사』(1941), 『선집 4』(지식산업사, 1992; 이하 『조선통사』), 17쪽.

부르는 방언이 되고『アジメ』(아지메)는 곧 天神이자 大神의 代稱代名詞를 의미하는 것이니 (당시에는 天鋼女命의 舞戱에 관한『面白イ』(오모시로 이; 재미있다)란 말도 실상은『암스러히』란 조선식 말) 그는 女神으로서의 大神이 『아지메』를 통하여 관념되었음을 表證함일 것"이라는 것이다.[55]

안재홍은 한국어와 일본어의 근원이 같다는 전제로부터 일본어의 여성에 대한 고어와 영남지역 방언의 발음상 동질성에서 고대 여성을 존숭했던 시기의 흔적을 추출했던 것이다. 그 결과 아지메=아씨=아사달이 모두 동일한 '어머니'를 지칭하는 '엄어이'라는 발음에서 파생한 것이기 때문에 최초 모계사회는 '아씨'로 표현된 신적 존재와 같은 성스러운 여성(聖母)이 다스리는 사회, 곧 아사달이 된다는 것이다. 이 점을『조선통사』에 '성모시대의 遺韻'이라고 정의하고, "「아씨」는 阿斯達의 문헌에서 가장 뚜렷이 드러나나니 백두산이 아사달 외에 묘향산·구월산과 京城의 白岳이 모두 아사달이니 … 신라에는 지증왕 대에 小京을 둔 阿尸村이 경주 부근에 있었고, 저 당 고조(태종의 오기인 듯) 이세민의 침입군을 격퇴한 요동의 안시성도 「아씨」의 阿斯와 같은 말로 볼 것"이라고 비교한다.[56] 즉 '아사달'은 '아씨달'이고 '아씨'라는 성스러운 여성 통치자의 '달', 즉 '들'-'들'이 되고, '여성이 통치하는 들판' 곧 국가를 의미한다. 한편 들판은 자연의 생성-성장-소멸이 이루어지는 공간으로의 의미를 담고 있기에 성모는 들판 즉 대지의 여신이 되는 셈이다. 그렇게 보면 '아사달'은 '성모의 공간'이자 '여신' 그 자체를 상징하는 용어이고, 자신들의 공간에 신성성을 부여함으로써 생명과 안전을 보장하려는 당대인의 염원이 투영되었던 셈이다.

안재홍은 자연발생적인 가족공동체로서 최초 모계사회의 출현을 언어학

55) 안재홍, 「朝鮮上古史管見(五)」, 『조선일보』 1930.02.02, 4면.
56) 안재홍, 『조선통사』, 1941, 18-19쪽.

적 비교분석을 통해 논증한 뒤, 역사발전의 다음 단계인 정치공동체의 출현
이 사회경제적 조건의 변화로 인해 발생했음을 정당화한다. 바로 그것이 단
군(檀君)에 의한 조선(朝鮮)의 건국이다. 먼저 고대 정치공동체의 출현 역시
발생학적으로 설명된다. "씨족의 사회는 女首長으로부터 男首長에 전화되는
과도적 차이는 있을망정 일정한 수장을 중심으로 씨족사회가 형성되고 그리
하여 胞族, 그리하여 部族으로 차차 역사적인 발달과정을 밟아가는 것"[57]이
라는 안재홍의 설명은 사회학적 접근방법을 채택하지만, 그가 유기체적 국가
관을 가졌음을 반영한다. 그리고 이 수장은 "신앙수호자로서 교화와 축제와
儀를 맡는 것이며 재액을 풀고 질병을 『나으라』며 행복을 가져오게 하는 마
술회의(굿)를 주재하는 것이 그의 직권이오 또 직책"의 책무를 지니며, "일정
한 지역을 근거로 하고 그 근거지에는 왕왕히 『原生地』란 명칭을 가지게 되
는 것"이라고 소개함으로써 드디어 "原生地는 『배어들』 혹 『배어싸』(『平壤,
夫餘, 沸流 등이 동일어의 轉化)등으로 표시된 바이오 수장은 『지업어이』
혹은 『마을지』로 된 것"이라는 해석에 이르게 된다.[58]

　여기에서 수장을 뜻하는 '두'(頭)는 대걸(머리)-당걸-당굼-단군으로 파생된
다. 또한 '백'(白)은 흰-흔-하늘-붉-붉은-밝은-환(桓)이라는 파생과정으로 치환
될 수 있고, 이로부터 '백두산'은 '밝은 단군 산', 즉 '환국'='단군의 나라'라는
해석이 가능하며, '신시'(神市)라는 나라를 세운 신화적 존재로서 '환웅'(桓雄,
하늘에서 내려온 밝은 남자)이 '웅'(熊)과 결합하여 낳은 자손이 단군이라는
신화의 해석이 언어습관을 통해 가능해진다. 그래서 "백두산 아래 천평(天坪)
에서 씨족사회를 형성하고 교병(敎兵)혼합의 간이한 정치를 시작하였을 것

---

57) 안재홍, 「朝鮮上古史管見(五)」, 『조선일보』 1930.02.03, 4면(아마도 六의 오기로 추측
　　된다).
58) 안재홍, 「朝鮮上古史管見(五)」, 4면.

이오 단군은 그 씨족을 대표하는 세습수장으로서 존재하였을 것이다. 동일하게 단군이라 하되 최초에는 씨족사회의 단군이었고 그 다음에는 부족사회의 단군이었을 것이오 또 다음에는 고구려 백제 등 문명한 국가(나라)가 완성된 후에도 오히려 그 명칭을 머금은 것"[59]으로 추론할 수 있다.

안재홍은 상기한 추론에 다시 사회학적 방법을 적용하여 "점점 농업 경제 기구로 발전하며 그 조직이 男原 본위인 근대식 사회로 전환된 지도 벌써 케케묵은 세대의 일이므로 이에 단군 건국의 신기원을 보게 된 것"이라고 고대 국가탄생을 전제한 뒤, "神祖 檀君 문득 그곳에 도읍을 세우고 새로운 「나라」의 체제를 만들어 스스로 「왕곰」의 자리에 올라 새로운 정사를 닦고 국호를 朝鮮이라고 하여, 조선은 「주신」의 對字로 「하늘이 주신」 나라라는 뜻"[60]이라고 풀어낸다. 이른바 '쥬신'='조선'이라는 고대국가의 명칭이 바로 '하늘이 우리에게 주신'이라는 의미로부터 파생되었다는 것이다. 그리고 '백두산 아래의 천평'에서 점점 '평평한 들판'으로 그 영역을 확장해 나가면서 수도를 '평양'(平壤), 즉 '평평한 들판'으로 정하게 되었던 것이기에 "생산수단과 사회기구의 변동이 차례로 역사 진전의 새 단계를 나타냄"을 반영하는 것이며, "阿斯達·白岳·平壤은 항상 서로 넘나드는 지명"이라는 것이다.[61] 비교언어학적으로도 "朝鮮 古語에 (1)『들』은 壤 ツチ(벌, 덜 등 ㄹ이 チ로 변한 예) (2)『따』는 토지로 지방 夕(田) (3) 땅(따앙)은 더욱 地方의 뜻 (4) 『논』은 低濕池 水田을 이룩한 후 仍用한 것 같다 ナ(野). 이제 『들』과 『땅』이 거의 地位를 받고 일본어와 사이에 다소 轉訛된 상태도 유의할 점"[62]에 주목

59) 안재홍, 「朝鮮上古史管見(七)」, 『조선일보』 1930.02.04, 4면.
60) 안재홍, 『조선통사』, 1941, 21쪽.
61) 안재홍, 『조선통사』, 1941, 22쪽.
62) 안재홍, 「朝鮮上古史管見(九)」, 『조선일보』 1930.02.06, 4면.

하자면, 결국 "백두산 아래 天坪이 의역된 또 轉化된 語意로 阿斯達의 餘韻을 머금고 있는 것"63)이 되는 셈이다.

그렇게 보면 '평양'으로 수도를 옮겨서 '조선'이라는 국호를 정한 '단군' 왕검과 '평평한 들'이라는 대지의 여신이 돌보는 모계사회에서 '생명을 잉태(腹)한 들판'이라는 '빗들'로 전환되어 '배달' 나라, 즉 '배달국'이 되며 그 수장으로서 단군왕검은 '배달 임금'이라는 뜻이 된다.64) 이것이 "이미 단군으로서의 역사적 존재는 드디어 움직일 수 없는 과학적 결론"이라는 것이다.65) 물론 안재홍의 분석처럼 어원으로부터 언어의 변천과정을 추적할 경우, 모국어에 내포된 음과 뜻의 의미를 각각 해석할 여지가 있을지도 모른다. 그러나 이러한 비교언어적 분석이 과연 과학적이라고 결론지을 수 있을까? 안재홍은 이를 문헌기록을 통해 실증하려고 한다. 그 논거를 "≪三國遺事≫가 古記를 인용하여 「都平壤城 始稱朝鮮」이라고 한 것은, 기사 첫머리에서 ≪魏書≫의 逸文을 실은 「乃往二千載 有檀君王儉 立都阿斯達 開國號朝鮮」이란 것과는 서로 어긋나는 것 같으나, 阿斯達에서 바로 일어나던 처음에는 그대로 「붉달」 또는 「빗달」로 일컬어 그로써 국호에 비기고 있다가 그 전세 더욱 갖추어 평양인 평원군에 옮긴 때부터(二十三年 庚寅) 「붉주신」의 국호를 세웠던 소

---

63) 안재홍, 「朝鮮上古史管見(八)」, 『조선일보』 1930.02.05, 4면.

64) 류시현은 안재홍이 통사형태의 저술을 남기지 않았지만 민족사 서술을 구상했다고 설명한다. 민족사라는 형식으로 한국의 역사를 정리할 경우, 안재홍에게 과제는 민족의 기원으로서 단군부터 당대까지를 관통하는 서술이 이루어져야 하고, 독자적이고 고유한 조선적 요소를 발견해야 하며 시계열적 추이 속에서 주체인 조선 민족의 발전을 담아야 하는 것이었다. 그 중 가장 먼저 단군과 단군신화의 해석문제에 직면하는데, 안재홍은 단군을 고유명사가 아닌 정치지도자를 의미하는 보통명사로 봄으로써 단군에게 과도한 민족적 의미를 부여한 역사서술에 비판적 입장을 취했다. 류시현, 「1930년대 안재홍의 '조선학 운동'과 민족사 서술」, 『아시아문화연구』 22집, 가천대학교 아시아문화연구소, 2011, 42-43쪽.

65) 안재홍, 「朝鮮上古史管見(十)」, 『조선일보』 1930.02.07, 4면.

식을 전함이요, 「又移都於白岳山阿斯達」이라고 한 것은 「아씨땅」인 阿斯達, 「빗달」인 白岳 등의 지명이 후세에서 분화 고정된 「빗나」인 平壤과 서로 엇바뀌어 傳誦되었기 때문"[66]이라고 역사서의 기록에서 찾는 것이었다. 즉『삼국유사』에서 중국 사서인『위서』의 기록을 인용해 소개할 때,『위서』는 2000년 전 아사달을 도읍으로 정한 고대국가 조선이 건국되었다고 기록하고 있는데, 이를 인용한『삼국유사』는『위서』와 다르게 평양성에 도읍한 뒤 조선이라고 불렀다는 것이다. 이로 인해 아사달에 도읍한 조선이라는 나라와 평양성에 도읍한 조선이라는 나라가 같은 조선이 아닌 듯이 보일 수도 있다는 점이다. 하지만 우리 '말'에 그대로 남아 있는 어원과 형태의 변천과정을 추적해보면 중국사서의 기록을 인용한『삼국유사』의 소개가 정확히 들어맞는다는 것이다. 안재홍은 이를 아씨달-아씨들-아씨따(땅)-아사달-평양이라고 우리말 성모의 들판을 한자로 전환했을 때로 논증했다.[67]

또한 왕검이라는 표현 자체도 왕(王)을 음차한 것으로 오해하는데, 왕검은 단군과 달리 순수 우리말의 변형이라는 것이다. 즉 "『배들-왕검』의 王儉은 무엇인가? …『왕』은 巨大를 의미하니 才ホ(오호)의 일본어 그것에서와 같이 震人 고유의 말이오 결코『王』의 차음이 아니다 … 고로『왕검』의 王儉은 說寫도 傳會도 모두 다 아니오 분명한『왕굼 ㅁ』으로서의 존호이다.『임검, 대감』등 허다한『감』이『굼』이란 根語에서 분화된 것은 冗說할 바 아니오 『굼』이 즉 神을 의미함도 일반 주지의 일"이라고 지적하면서 "『배달-굼』(싸 굼)에 대한 상대적 지위에서 그 至上的인 존호로써『왕굼』이 된 것일 것이니 이것을 神格으로 보매 才ホ(ミ)カミ(大神) 그대로이오 人格으로 보매 才ホギ ミ(大君) 그대로인 것이 또 一傍證이다.『왕검』은 반드시『왕도읍』이 있어야

66) 안재홍,『조선통사』, 1941, 24쪽.
67) 안재홍의 언어적 분석은 「朝鮮上古史管見(八)」에서 이미 이렇게 진행되었다.

할 것이니 그는 현대적 숙어로 보아 보통 首長이거나 法師 卜師 등 祈請 主穀 主命 등의 大輔 혹 元輔인 자 없어서는 아니될 것"[68]이라고 결론짓는다. 정리하자면, "요컨대 단군의 原義를 追究하면 최초에는 순연한 『배어달-왕검』으로 단군의 漢譯에 해당하고 仙史的 어의로는 太白神人(妙淸八聖, 護國白頭嶽太白仙人)에 해당하고 역사사회학적 어의로는 原生地 君長에 해당하고 가장 인연 깊은 역사지리상의 명칭과 배합하면 平壤王에 해당"[69]한다는 것이다.

그렇게 보면 단군조선의 존재유무를 의심하는 것은 지명의 변천과정을 이해하지 못한 결과이다. 즉 2000년간 국도를 몇 번 옮겨가면서 역사상 일관되게 존재했던 국가였고, '단군'이라는 한자로 표기된 지배자의 순수 우리말 표현인 '왕검'을 혼동하여 단군과 왕검이 각기 다른 시대의 조선이라는 나라를 운영했던 것으로 혼동했다는 것이다. 안재홍은 이를 '단군의 환은(還隱)'으로 표현한다. 아마도 역사의 무대에서 사라졌다는 의미로 제시된 것으로 보인다. 그 논거로『제왕운기』와『삼국유사』에 똑같이 아사달로의 천도 후 1500년 간 지속되었다는 점을 지적한다. 즉 "≪帝王韻紀≫에서 인용한〈檀君本紀〉에서「檀君 據朝鮮之域 爲王故 尸羅 · 高禮 · 南北沃沮 · 東北扶餘 · 濊與貊 · 皆檀君之壽也」라고 하고, 이어서「理一千二十八年 入阿斯達山 爲神不死故也」라고 하였고, 그 본문에서 그후 一百六十四年 후에 后朝鮮 太祖인 箕子가 周武王 元年 己卯(이상 연대 계산 틀림없음)에 朝鮮으로 와서 다시 군주체제를 연 것으로 기술되었으며, ≪三國遺事≫에는 御國一千五百年 周武王 卽位 己卯에 箕子를 朝鮮에 봉하였으므로 檀君은 藏唐京으로 옮겼고, 후에 아사달에 還隱하였다"[70]는 것이다. 현재 우리에게 알려진 은나라 기자

---

68) 안재홍, 「朝鮮上古史管見(十)」, 4면.

69) 안재홍, 「朝鮮上古史管見(十二)」,『조선일보』1930.02.09, 4면.

(箕子)조선을 고려할 때, 그 역사가 1500년간 이어져 삼국시대까지 계승되었고 기자조선의 봉읍에 따라 단군조선은 아사달로 천도하여 역사무대에서 사라졌다는 것이다.

4. 민족사에서 세계사로

사실 『제왕운기』와 『삼국유사』는 모두 전래되는 이야기, 전설, 신화 등 믿을 수 없는 신비롭고 비합리적 동기들을 취급하고 있다는 점에서 사실의 객관적 진술이라는 실증주의 방법론으론 수용하기 곤란한 기록들이다. 물론 역사발전의 동력이 합리적인 동기뿐만 아니라 비합리적 동기도 같이 작동하는 것이라는 일연(一然)의 역사인식을 고려할 때,71) 인문학적 상상력을 동원해야 하는 이러한 내용들로 구성된 『삼국유사』의 기록들을 전적으로 배제할 수 없는 것이기도 하다. 하지만 객관적 사실들만을 취급하지 않았더라도, 보다 자주적인 입장에서 추론의 단서를 제시하려고 했기에 『제왕운기』와 『삼국유사』만의 가치가 있다고 평가할 수 있다면, 왜 여기에서조차 기자조선(箕

---

70) 안재홍, 『조선통사』, 1941, 26-27쪽.

71) 인문고전으로서 『삼국유사』는 일연의 문화의식이 다문화 지향적이었음을 시사한다. 일연은 영남출신의 승려라는 태생적 정체성으로 인해 신라중심적일 수밖에 없었지만 몽골제국에 의해 정치적 정체성을 강요받았다는 점에서 일연에게 문화는 스토리였을 것이다. 그것은 『삼국유사』가 현재 우리의 비판적 글쓰기와 독서토론의 교재로 활용될 여지를 제공한다. 즉 일연의 다문화주의적 의식, 시대적 환경, 그리고 스토리의 중시는 세계화와 정보화 시대에 놓여 이야기를 소비하는 추세에 부합하는 장점을 지닌다. <해리포터>, <반지의 제왕>, <나니아 연대기> 등 가상의 이야기가 강력한 문화 콘텐츠로 자리한 현상은 우리의 옛것에 대한 스토리를 담고 있는 콘텐츠로 『삼국유사』만의 장점을 부각시킨다. 표정옥, 「청소년의 다문화 의식 함양을 위한 『삼국유사』의 창의적 글쓰기와 독서토론 연구」, 『다문화콘텐츠연구』 11집, 2011, 392-395쪽.

子朝鮮)의 봉읍이라는 기록을 그대로 채택하고 있는 것일까? 그것은 주나라 무왕에 의해 은나라가 멸망한 뒤 은 주왕의 숙부인 기자에게 조선을 봉읍했다는 『사기』 「송미자세가」의 내용에 근거해서 기자에게 봉읍한 조선이라는 제후국이 단군조선을 대체한 동쪽 국가였다는 단정으로 굳어진 후대의 관행적인 학습결과일지 모른다. 즉 중화적 세계관을 채택하고, 청 제국 등장 이후에는 단절된 중화의 맥을 계승한다는 자부심으로 결국 기자조선을 중화문명의 출발점으로 정당화했던 관성의 결과일 수 있다.

그렇다면 '단군의 환은'이라는 안재홍의 추론은 기자조선의 출현과 단군조선의 은거라는 대조를 통해 단군조선으로의 정체성이 기자조선의 문명성으로 교체되었다고 기자조선의 정통성을 인정하기 위해 사용한 표현일까? 아니면 단군조선의 환은이라는 표현 자체가 있지도 않았던 허구의 단군과 조선의 존재를 합리화하기 위해 고육지책으로 제시한 개념인가? 안재홍 역시 이 점을 의식한다. "『배달-왕금』으로서의 단군의 역사가 그 후세의 날조한 정책적 허위인가?"[72]라고 반문하면서, 언어분석만으로도 단군 이전 성모시대의 모계사회 존재를 확인할 수 있었기 때문에 그 이후 지배자로서 단군의 출현 역시 역사적 사실일 수밖에 없다는 결론만이 있을 뿐이라고 역설한다.[73] 그럼에도 불구하고 단군조선의 존재는 실증뿐만 아니라 기록으로 남

---

72) 안재홍, 「朝鮮上古史管見(十三)」, 『조선일보』 1930.02.11, 4면.

73) 류시현은 민족사의 서술이라는 맥락에서 한말-1910년대 초 신채호와 최남선의 독자적인 고대사 인식수립의 의도가 민족공동체의 역사를 자주적 입장에서 체계화하려는 것이었고, 민족의 주된 계통을 설정하는 작업이 바로 고조선과 단군이란 민족의 기원을 규명하는 과제와 연동되었음을 지적한다. 신채호는 단군을 최초의 임금이자 민족사의 연대적 기원으로 설정하고 실존인물로 이해함으로써 신성성을 탈각하고 계몽군주의 표상 이미지로 제시했다는 것이다. 또한 최남선은 단군신화에 대한 과학적 접근을 시도하여 민족단위의 독자성을 확인하려고 했는데, 단군을 제정일치의 지도자를 통칭하는 보통명사로 보았다는 것이다. 그 결과 1910년대 신채호와 최남선의 단군 이해는 넓은 지지를 받았지만 두 사람 모두 자신들이 문헌만으로는 해결할 수

아 있지 않은 대신 기자조선이 기록으로 남아 있다는 점에서 이미 판가름 난 것일 수밖에 없는 사안이 된다. 안재홍은 이 증거를 거부한다. 오히려 "『아지매』의 조선이 이미 적확하게 고증된 이상 그의 발전단계에 있어 과학적 과정을 이룬『배달-왕검』의 조선은 당연 의심할 이유가 서지 않는 것이다. 儒者가 단군을 배척하였으니 그 단군말살의 논거가 되는가?"[74]라고 비판하며 보다 공격적인 해석을 시도한다.

우선 단군조선을 선양하기 위한 첫 단계는 왜 단군조선이 우리 무의식에서 소환되어야 하느냐의 정당성 확보이다. 안재홍은 이를 "전 민족 生存史上에서 중요한 승통이 어떻게 계속 혹은 변천하여 왔는가"를 알려주는 출발점에 놓인 영웅적 대표로서 단군의 역사적 의의가 있다고 단언한다.[75] 그래서 "唐堯 戊辰으로 그 건국기원을 삼아 庚午歲까지 사천이백육십삼년(단기 2333년 +서기 1930년)을 계산하나 이것의 절대 확실은 보장하지 못한다 … 씨족사회로부터『고을』정치를 형성하여 부여 고구려 등 근대식 국가의 형성을 보기 전까지의 사회적 제 단계를 지남에는 줄잡아 수천 년의 기간을 요하는 것이 역사사회학적 결론이 되는 것이니 사천이백육십삼년의 기원은 결코 과장한 연대가 아니다"[76]라고 실재했을 개연성을 추산하며 시공간적으로 조선소(朝鮮素)라는 고유한 문화적 정체성을 형성할 수밖에 없는 영속성과 확장성을 강조했던 것이다.[77]

없었던 단군시대를 추론(追論)해야 하는 과제를 미완으로 제시했고 1920년대 이후 단군과 고조선 연구의 또 다른 출발점이 되었다. 류시현, 「한말 일제 초 단군과 고조선 인식의 체계화」, 『한국사학보』 61호, 2015b, 181-187쪽.

74) 안재홍, 「朝鮮上古史管見(十三)」, 4면.

75) 안재홍, 「檀君과 朝鮮史-학도로서 가질 태도」, 『조선일보』 1930.07.05, 1면;『선집 4』, 85쪽.

76) 안재홍, 「朝鮮上古史管見(十四)」, 『조선일보』 1930.02.12, 4면.

77) 단군으로부터 조선의 고유한 독자성을 추론하는 과제를 본격화한 것은 최남선이다.

물론 고대 국가로서 부여-고구려-백제-신라의 출현 역시 단군조선의 존재
를 실증하는 언어의 변형이라고 할 수 있음을 전제하는 것이지만, 안재홍의
실증방식은 역사(주의)적이기보다 문화적이라고 할 수 있다. 즉 "동일한 혈
통관계로서 민족적 동일 문화권의 생활을 형성하고 거기에 가장 太上的 帝
王的 지위에 놓인 분이 있었으니 그는 檀君王儉으로 일컫는 분이었고 국가
적 형태와 요소를 갖추어 역사적 존귀한 生長의 胚種을 지었던 具現的인 史
上의 存在者이셨던 것이다. 범칭적인 어음으로 지방적 수장은 『따굼』 태상
적 군장은 『왕굼』"78)이라는 것이다. 따라서 우리말의 어원을 추적하면 현재
쓰이는 존칭으로서 '대감' '임금'의 어원으로서 지방수령을 '따굼', 중앙수령을
'임굼' 또는 '왕굼'으로 불렀던 흔적을 찾을 수 있고, 바로 "순수한 문화사적
견지에 의한 고대 사회학적 연구에 있어서도 단군과 그의 시대는 일정한 가
치를 보여주는 존귀한 역사적 재료"79)로의 의의를 지니는 셈이다.80)

....

1919년 3.1운동 이후 최남선이 고민한 조선적인 것의 근본을 찾는 작업은 고문화 연
구와 연결되었고, 고문화의 상징적 인물이 단군이었기 때문에 1926년 『동아일보』에
「단군론」을 발표하면서 비롯되었던 것이다. 최남선은 일본인 학자들의 단군 부인
또는 말살작업과 경쟁하면서 단군과 단군신화의 실재성을 확인하기 위해서 고아시
아족, 우랄 알타이어족 등으로 언급되는 고대 동북아 지역에서 시공간을 공유했던
문화권 연구에서 해법을 찾았다. 그 수단이 문헌에 의한 실증적 검토를 넘어선 인문
과학적 방법론으로서 민속학의 활용이었다. 최남선은 근대학문인 민속학을 적용하
여 『불함문화론』(1927)을 저술하고 역사적 단군연구를 문화적 단군연구로 전환했다.
류시현, 「민속학을 적용한 최남선의 조선학 연구: 1910~20년대 단군 논의를 중심으로」,
『역사민속학』 48호, 2015a, 77-81쪽.
78) 안재홍, 「檀君과 朝鮮史-학도로서 가질 태도」, 『조선일보』 1930.07.05, 1면; 『선집 4』,
86쪽.
79) 안재홍, 「檀君과 朝鮮史的 價値-개천절에 임한 일논점」, 『조선일보』 1930.11.23, 1면;
『선집 4』, 88-89쪽.
80) 안재홍의 민족주의 사학이 과학적 역사학을 지향하면서도 단군왕검과 고대 조선을
문화사적으로 접근하는 것은 자료의 미비와 부재로 인해 실증주의 역사학으로는 검
증할 수 없고 상상력의 가교를 통해 논증할 수밖에 없는 상황조건에서 비롯한 것이기

이제 단군조선의 환은을 가져온 기자조선(箕子朝鮮)의 존재 유무와 함께 과연 기자조선이 역사와 문화의 승통을 계승했는지 여부를 설명해야 하는 단계로 넘어간다. 왜냐하면 기자조선이 주 나라가 봉읍한 조선이고 중화문명의 유입이라면, 조선소의 시원으로서 단군조선은 환은이 아니라 축출된 것이 되기 때문이다. 그리고 조선사의 영속성과 확장성은 사실 중화문명의 연장선상에서 새롭게 출발한 결과에 불과할 뿐이다. 즉 조선의 정체성은 단군조선의 환은과 함께 단절되었다는 의미이다. 기존 실증주의 역사학은 이것을 기자동래교화설(箕子東來敎化說)이라고 부르며 이때부터 비로소 문명국가의 삶이 시작된 것으로 조선역사를 규정하는 관행이 만들어졌고, 민족주의 사학에서는 단지 『사기』 「송미자세가」의 한 구절 기록만으로 조선을 봉읍 받은 것이 사실 자체로 받아들여지는 것을 근거 박약한 사대주의로 배척했던 것이다.

안재홍은 이러한 쟁점을 상기하면서 기자조선의 존재를 부정하거나 말살하는 것도 단군조선의 존재를 부정하거나 말살하는 것과 동일한 것으로 비판적 태도를 취한다. 왜 양비론적 입장을 표명했던 것일까? 역사학자가 가져야 할 중립적 태도 때문이었던 것일까? 안재홍은 기자조선(箕子朝鮮)의 허구를 논증하면서 기자조선이 조선사에 기록된 이유로 단군조선의 환은 이후 승통을 계승한 동일한 기자조선이 존재했기 때문이라고 주장한다. 이를 위해 안재홍은 이미 「조선상고사관견」을 통해 제기했던 언어분석을 통한 단군왕검의 실증과 더불어 '기'라는 단어의 어원을 추적하여 기자조선의 실체에

도 하다. 동시에 1930년대 시작된 조선학(朝鮮學) 운동의 키워드로서 단군으로부터 시원하는 민족 정체성의 발굴이라는 이유 역시 작동한 결과이다. 그렇기 때문에 단군왕검과 고대 조선의 존재를 현재 언어습관에 남아 있는 흔적을 소급하여 추론하는 방식으로 검증한 뒤 그 문화사적 의의를 제기했던 것이다.

접근한다. 바로 단군조선의 환은 이후 기자조선이 실재했다는 것이다. 그리고 이 시기를 '기ᄋ리 시대'로 명명한다. 그것은 "『기아리』 시대가 별것이 아니니 멀리는 『아지엄』의 『아지』도 『지』가 분화된 근본이오 『지업어이』의 『지』, 『마을지』의 『지』, 『머리지』의 『지』 그리고 『기』의 『어른』으로서 또는 日子 或 日精의 意味로서의 『기ᄋ리』 또는 『기ᄋ르』와 씨족으로 내지 민족 (겨레) 그것의 구현자로서의 『기어르』는 族制의 發展階級에 보아서 당연한 일이오 『고을』 혹은 『걸』의 類義形態로서도 이 『기아르』의 시대가 출현되지 않을 수 없는 것"[81]이라는 사회경제적 구조변동에 따른 필연적인 발전의 결과로 소개된다.

여기에서 안재홍은 사회적, 언어적, 인문적 방법을 총동원해서 적극적으로 해석한다. "檀君時代는 男系 중심으로 族長政治가 행하던 시대라, 중앙에 大白山을 기대어 당시 정치의 總淵源을 지었으니 『붉ㅅ자—왕곰』으로도 설명되는 檀君이 天帝요, 吐解大監에서도 徵憑되는 『자곰』은 地方首長이라, 이 시대가 자못 유구하여 千數百年에 뻗치매 社會民度가 서서히 昂進하는 바 있었으니 씨족의 長으로부터 부족의 首長으로 되고 필경은 민족집단의 군장에까지 生長된 것은 『기, 지』 혹 『치』의 활동이 사회의 중추기능을 장악하였기 때문이다 … 여기에서 은 기자동래교화설은 전연 말살되는 바"[82]라는 안재홍의 해석은 모계사회인 성모시대에서 부계사회인 단군조선이라는 부족국가로의 발전 그리고 시공간적 확장을 통해 민족을 토대로 한 고대국가의 체제정비에 이르는 시점에서 그 승통을 계승한 나라가 바로 '기자'(岐子)조선이었다는 것이다.

81) 안재홍, 「朝鮮上古史管見(十七)」, 『조선일보』 1930.02.15, 4면.
82) 안재홍, 「朝鮮最近世史(一)의 卷頭에 書함」, 『조선일보』 1930.04.29, 4면; 『선집 4』, 237-238쪽.

안재홍은 이렇게 발생학적 관점에서 '기자'(岐子)의 원형적 의미를 "최초 여계 중심의 혈족사회인 아사달 사회로부터 족장 또는 수장의 제도가 발생, 성장하여 씨족공동체의 시대를 지남에 따라 수장·대인(大人)이란 어의로써 기, 지 혹 치의 위격의 소유자가 존재하였다. 그런데 역사의 발전이 점층적 고도의 단계과정을 행진함에 따라 (一) 혹 "우치"란 자가 생기니 "上長" 또는 "上侯" 혹은 "上公"인 자가 있었다. 치 혹 기가 백작(伯爵) 쯤의 위격이었다고 하면 "우치"가 비로소 후작(侯爵) 쯤일 것으로 생각할 수도 있다. (二) 혹 "크치, 큰지, 신지" 또는 "한기"란 자가 있었으니 大公 혹 太公으로 한역(漢譯)할 것"[83]으로 단군을 계승하면서도 한 단계 발전한 지배자의 지칭임을 소개한다. 그 결과 "크치朝鮮 혹은 크치國 또는 「크치시대」라고 해도 좋을 만치 크치의 위호(位號)를 가진 고조선(古朝鮮)이 당시에 널리 인식되었음이니 이는 기자조선(箕子朝鮮)으로 오인된 역사적 본원"[84]이 되었던 것임을 밝힘으로써 한자를 가차한 동음이의어로서 '기자(岐子)조선'이 고유의 민족국가였음을 제시한다.[85]

더불어 안재홍은 기자동래설이 조선의 성리학자들에 의해 조작된 것임을 시사한다. 왜냐하면 "김부식과 같이 漢化主義的 경향이 농후한 史家로도『삼국사기』를 씀에 있어 그의 輕侮하는 仙史에 관하여는 「平壤者 本神人王儉之

---

83) 안재홍,『朝鮮上古史鑑 上』, 1947, 24-25쪽.

84) 안재홍,『朝鮮上古史鑑 上』, 1947, 35쪽.

85) 안재홍이 제기하는 '岐子朝鮮'은 '국가성립'과 '문화창성'을 연결하는 존재로서 야만과 미개상태로부터 조선사회가 문명의 단계에 들어서 초기 국가를 형성한 사회진화의 완성단계이자 조선의 고유문화가 처음 만들어지는 시작점이다. 따라서 '岐子朝鮮'은 보편적 사회진화를 통한 '국가의 성립'과 '문화의 창성'이 교차하는 지점이었으며 고유한 민족성을 객관적으로 확인하고자 하는 안재홍의 목적이 집약된 부분인 셈이다. 채관식,「안재홍의 인류학 이론 수용과 조선 상고사 연구-「朝鮮上古史管見」을 중심으로」,『한국사연구』167호, 2014, 131쪽.

宅也」라고 명기하면서 箕子에 대하여는 한마디를 點染한 바 없었으니 고려
중엽까지 일찍 殷 箕子의 平壤奠都說을 몽상한 바 없었음에 따른 것"[86])이기
때문이다. 다시 말해 고려시대까지 기자동래설 자체가 없었다는 것이다. 더
나아가 "역사가 바야흐로 男系 중심의 씨족사회에까지 행진하여 농경제작
등 사유재산을 형성할만한 산업경제의 단계에까지 발달될 때『기』로 일컫는
우월한 특권계급이 성장되어 벌서 男權 본위의 공민계급으로 존재했던 것을
추단케 하니 僧侶 武士 또는 생산자 등으로 분해됨에 미쳐『기』의 종류 및
그 품종도 저절로 분화된 바 있었으나『기』그것이 각종 특권을 가지는 우량
혈통이었던 만큼 드디어 스스로 군사 신앙 사법 및 행정 등을 주재하는 민족
국가의 주권자까지 진행했던 것을 알 것"이기 때문에 '기자(岐子)조선'은 "독
자적인 문화창조자로서의『기』의 활동과 및 그 정권 설정의 합리성을 경시
더구나 부인할 수 없"는 증거인 셈이다.[87])

왜 '기'라는 글자가 상고시대에 정치적 특권, 국가건설의 선구자, 문화창설
자라는 행위 주체를 의미한다고 말할 수 있을까? 안재홍은 "기, 지 또는 그의
분화어음(分化語音)의『키, 지, 씨』등 어휘가 가장 광대하게 조선언어의 전
영역에 미치어 있는 것은 무엇으로 해설될 것인가?"[88])라고 문제 제기하고,
그것은 "『집』은『지』(지업어이, 마을지, 지아리 등) 시대의 발명 및 완성일
것이다.『울』은 그 중간형태이니 촌락생활이 발달되기 전 간이한 목책을 두
른 공동가옥을 가지는 것은 촌락『인듸엔』(인디언)의 생활에서 목격하는 바
이다.『우리』(울이)는『울』속에 공동주거하는 씨족국체의 성원들의 자칭(自
稱)임을 상상케 한다"[89])고『지』가 '정치공동체'를 지칭하는 원형어임을 제시

86) 안재홍, 「殷箕子抹殺論(下)」, 『조선일보』 1931.01.11, 『선집 4』, 94쪽.
87) 안재홍, 「檀君論과 殷箕子抹殺論」, 『신조선』 11호(1935.6.15), 15쪽.
88) 안재홍, 「朝鮮上古史管見(十七)」, 4면.

한다.[90] 결국 '기자조선'은 은나라 기자의 동쪽 봉읍국가가 아니라 우리말 '지' 즉 정치공동체라는 의미가 '기' 즉 사람이라는 의미로 변형된 '기자(岐子) 조선'='크치조선'이라는 것이다.[91] 그래서 상고사에 등장하는 '기자조선'은 실재 존재했지만 바로 동음이의어로 인해 오해받은 것이고, 그 오해 저변에 중화적 사대주의 역사관이 깔려 있었던 셈이다.

기자조선의 존재가 은나라 기자의 봉읍국가인 조선이 아니라 단군조선의 승통을 계승한 '크치조선', 즉 '사람(지배자)의 조선'이라는 점을 추론함으로써, 안재홍은 단군말살론과 기자조선 말살론 모두를 비판적으로 논박했다. 그 근거로 "檀君 그분을 일정한 존재연대와 혹은 興替의 한 과정을 대표하는 단일 왕조의 제왕으로서만 究明하는 까닭"[92]이라고 밝히면서 사천이백육십삼년의 연대를 정확히 추산할 순 없지만 성모시대 모계 중심 가족공동체-단군조선시대 부계 중심 부족국가-기ᄋ리 시대(기자조선시대) 민족국가로의 역사발전 과정은 정치적, 사회경제적, 언어적, 발생학적으로 명백한 사실이라는 것이다. 최종적으로 단군조선의 아사달 천도가 역사무대에서 환은하기 위한 것으로 "단군이 男系 중심의 근세식 국가의 前驅를 만들어, 드디어 夫餘

<hr/>

89) 안재홍, 「朝鮮上古史管見(五)」, 4면.

90) 윤대식, 앞의 책, 2018, 284쪽.

91) 김인희는 '크치조선'으로서 '기자조선'에 대한 안재홍의 언어학적 분석이 방법론적 오류를 범하고 있다고 지적한다. '크치'란 왕을 뜻하는 고유어이며 문헌자료로 볼 때 삼한과 삼국시기 왕명이나 관직명으로 사용된 예들이 발견되기는 하지만, 크치국의 존재를 통해 크치라는 수장이 고조선 시기 존재하였음을 증명하는 논증 과정에 발음이 유사한 국명들을 무리하게 끌어들이고, 이를 해석하는 과정에 고문헌의 자의적 해석, 논리적 비약, 언어학적 고증의 문제를 노출시키고 있어 설득력이 떨어진다는 것이다. 삼국시기 왕명과 관직명이 '크치'와 유사한 발음으로 사용된 것으로 보아 고조선 시기 '크치'라 불리는 수장이 존재하였을 가능성은 있으나 안재홍의 연구방법이 이를 증명하지 못했다는 것이다. 김인희, 「국어학적 관점에서 본 안재홍의 기, 지, 치 이론의 성과와 한계」, 『어문논집』 70집, 중앙어문학회, 2017, 136쪽.

92) 안재홍, 「檀君史와 民族的 見地」, 『조선일보』 1931.11.13; 『선집 4』, 97쪽.

國 平壤京의 天王 혹 明王의 완전한 民族國家를 건설하게까지 되고 동방문화에서 존귀한 창시와 기여의 소임을 다한 朝鮮人의 지위를 표현하는 위대한 존재"[93]라는 결론에 도달한다.

그런데 발생학적 접근방식으로 조선역사의 출발점에 놓였던 성모시대와 단군시대에 걸친 정체성 형성을 거쳐 민족에 토대를 둔 고대국가 탄생을 가져왔다는 논리를 도출할 수 있다 할지라도, 근대 국민국가 구성요건으로서 '민족' 개념을 모계 중심 혈연공동체적 실체로 규정하는 것 자체가 파편적인 사실의 침소봉대 아닐까? 이러한 문제점은 단군조선의 탄생과정에서 사라진다. 안재홍은 단군조선이 근대적 민족국가의 독자적 출발점이자 우리 풍토의 특수한 민족문화 확립과정에서 획기적인 큰 공업(勳業)을 거두었다고 역사적 의의를 설정하고, 그 업적이란 단군의 황고(皇考)로서 재세이화(在世理化)를 이룬 환웅의 홍익인간(弘益人間) 원칙을 출발-계승-발전시킨 것이라고 평가한다.[94]

그러면 재세이화-홍익인간이란 또 무슨 뜻일까? 더욱이 단군조선의 역사적 영속성과 확장성을 고려할 때, 재세이화한 환웅의 홍익인간이라고 찾아낸 옛 원칙이 도대체 어떤 의의를 지니는 것일까? '재세이화'는 하늘에서 지상의 태백산 정상으로 내려와서 나라를 세운 환웅의 신화화를 지칭한다. 그것을 입증하는 것이 바로 '홍익인간' 이념이다.[95] 즉 "옛날에 환인(桓因)의 서자(庶

---

93) 안재홍, 「檀君史와 民族的 見地」, 『선집 4』, 98쪽.
94) 안재홍, 「檀君과 開天節」, 『조선일보』 1935.10.29; 『선집 4』, 99-100쪽.
95) 단군에게서 '홍익인간' 이념을 발굴한 주인공은 위당 정인보이다. 정인보는 단군 이래 5천년의 근본정신으로 '조선의 얼'을 강조하고 단군신화의 역사성을 부정하는 일본학자들의 주장을 반박하면서 고조선 건국의 최고정신으로 홍익인간의 대도(大道)가 전 민족 공통의 정신적 지표가 되었음을 강조했다. 이 홍익인간 이념은 해방 이후 조소앙, 안재홍 등에 의해 민주, 평등, 복지, 평화와 같은 현대적 이념을 함축한 고유의 이상으로 해석되었고, 정인보가 작사한 개천절 노래에도 단군 국조관이 잘 반영되어

子) 환웅(桓雄)이 있어, 항상 천하에 뜻을 두고 인간세상을 탐내거늘, 아버지가 아들의 뜻을 알고 삼위태백(三危太白)을 내려다보매 인간을 널리 이롭게 할 만한지라 이에 천부인(天符印) 세 개를 주어, 가서 다스리게 하였다. 환웅이 무리 삼천을 이끌고 태백산(太白山) 꼭대기 신단수(神壇樹) 밑에 내려와 여기를 신시(神市)라 이르니 이가 환웅천왕(桓雄天王)"[96]이라는 단군신화의 도입부분에서 환웅이 지상의 태백산 꼭대기에 국가를 건립했고, 이를 '신시'라고 했기 때문에 "환웅천강설(桓雄天降說)에 맞추어 환인의 『주신』 땅이라"[97] 곧 '쥬신'이라고 불린 것이다.

상기한 추론을 통해 안재홍은 "홍익인간 그것이 자기희생이자 곧 자기발전의 이념적 표치(標幟)인 것이요, 상호부조와 사회협동의 영원불변할 지도원리"[98]이고, 환웅으로부터 출발한 우리 공동체와 민족의 정체성을 규정하는 성립 선행조건이라고 해석한다. 더 나아가 홍익인간 이념은 불멸의 구원성(久遠性)을 지니고 있어 전 시대를 관통하여 항상 최선 또 최대한 광구(匡救)의 의도를 파지하게 하는 인류의 도의적 충동으로 작동한다고 지적하고,[99] "이를테면 홍익인간은 사천수백년 전 단군 건국의 이념으로 되어 있으나 현대에 있어 대중공생의 신사회 건설에도 의연히 새로운 지도이념 됨에 아무런 지장 없으니 침략세력에 오래 壓伏되었던 조선에는 부고적인 반성이 『큰 혁신적 의도로 되는 것이오 숭외사대의 뿌리 깊은 인습을 가진 우리 사회에는 민족적 자존과 긍지가 그대로 진보적인 추진세력으로 되는 것"[100]으

있다. 이민원, 「근대 학설사 속의 단군민족주의: 대한제국의 편찬사업 및 대종교와 관련하여」, 『한국사상과 문화』 72권, 2014, 253-254쪽.

96) www.krpia.co.kr/ 삼국유사(이병도 역).

97) 안재홍, 「朝鮮上古史管見(十三)」, 4면.

98) 안재홍, 「檀君과 開天節」, 『선집 4』, 100쪽.

99) 안재홍, 「檀君과 開天節」, 『선집 4』, 101쪽.

로 그 의의를 추출함으로써 해방된 조국의 민족적 자존회복과 국민국가 건설을 위한 지도이념으로 제시한다.

훗날 해방을 맞이한 시점에서, 새로운 역사단계로 진입해야 하는 과제를 이행하기 위해서는 무엇을 해야 하는 것일까? 이에 대한 답변으로 안재홍은 '홍익인간' 이념을 민족적 자존과 국민국가 건설이념으로 작동하도록 하기 위해 대중공생을 지향하는 신민족주의(新民族主義)와 신민주주의(新民主主義)를 주창하여 포괄한다. 먼저 안재홍은 "통일민족국가의 창건이 엄숙한 과제인데 … 헐떡이는 지도층을 집약하고 헤매는 대중을 파악하여 이로써 先民 未了한 대업을 완성하고 민족 십년 웅위한 발족을 하는 것은 敬虔한 지도자들에게 부과된 위대한 책무"[101]를 강조한다. 즉 근대 민족국가 창건이 해방된 조국에 부여된 1차 과제이며, 그것이 정치행위자의 정치적 책무임을 각성할 것을 요청했는데, 그들에게 책무를 각성시키기 위한 방법으로 기억 속에 내재한 언어습관의 흔적들을 상기시켰다. 즉 "정치는 「다사리」이다 「다사리」는 그 방법에서 전민족의 총의를 골고루 表白케 함이오 그 목적에서 각 계급의 너와 나를 「다-살리」게 하여 遺漏와 차등 없이 하는 것이니 나라와 겨레와 다사리와는 즉 하나의 통일민족국가가 정치, 경제, 문화 사회 등 대중생활의 전 부면에 덮혀 고유한 그러나 生新한 민주주의에 말미암아 自我인 국가를 그의 신민족주의의 大道에서 정진 매진케 하는 지도이념"[102]이라고 정리했던 것이다.

여기에서 홍익인간을 이념으로 하는 정치에 대한 기억의 상기는 수(數)의 철리(哲理)로 재현된다. 그것은 一天, 二地, 三種, 四生, 五攝理, 六持續, 七事

100) 안재홍, 「文化의 進路」, 『문화창조』 창간호(1945.12.15), 9쪽.
101) 안재홍, 「大衆共生의 理念」, 『백민』 1호(1945.12.15), 8쪽.
102) 안재홍, 「大衆共生의 理念」, 8쪽.

爲로 정의되는데, "一은 「한」이니 「한」은 大요, 「한울」을 좇음이라 … 二는 「둘」이니 「둘」은 「들」이요 古語에 壤 혹 地를 「들」이라 하니 … 三은 「셋」이니 「씨」를 좇음이요 … 四는 「넷」이니 「나」를 좇음이요 「나」는 生이니 「나엇」의 분화이다 … 五는 「다섯」이니 「다섯」은 「다스림」이라 「다스림」은 治理요, 攝理이니 … 六은 「여섯」이니 「이어」에 좇음이요, 「이어」는 「이어서」의 분화이다 … 七은 「일곱」이니 「일」에 좇음이라 「일」은 興起요 「事爲」이니"103)라는 우리말 숫자 헤임말의 변천 결과이다. 이와 같이 언어분석에 따른 실증방법, 특히 우리말 숫자 헤임말의 언어습관에 배어 있는 흔적들을 추적하여 논증하는 방식이 상당히 흥미롭다. 더구나 수의 철리 재현은 이미 "象의 명칭에 관하여 일별하건대 『하나』는 『환』(하늘), 『들』은 『들』(地), 『세』는 『씨』 즉 種, 『네』는 『나』 즉 生, 『닷』은 『자』 즉 土地, 『이엇』(여섯)은 『이』 즉 生命, 人生, 或 水를 意味함 같고, 『일곱』은 『일』 즉 力作과 興旺, 『여달』은 未詳하나, 『아홉』은 『아』 즉 知見, 『열』은 啓發 즉 知見의 얼리는 연령이라는 점에 착안한 것"104)이라는 분석에 따른 것이었다.

이제 통일민족국가 건설의 책무이행을 위해 안재홍은 "민족주의와 민주주의에 의하여 光復 國定인 새 나라를 건설하되 모든 계급의 이익을 전민족과 전국민의 존망성쇠의 견지에서 잘 조화 합치시켜서 언제든지 완전히 통일된 민족국가로서 (알기 쉽게 말하자면 완전히 誼조케 단합되는 국민으로서) 공동한 운명을 개척하여 나아가자는 것"이라고 그 방향성을 재조명하고, 그 방법론으로서 "농민과 지주 노동자와 자본가가 한꺼번에 잘 살 수 있는 정치와 경제의 조직을 하는 것이 신민주주의인 것이요 이러한 신민주주의에 말미암아 전민족이 참으로 협동집결 하여서 뜨거운 민족애에서 완전한 자주독립국

---

103) 안재홍, 「「夫婁」神道와 「不咸」문화론」, 『선집 4』, 110-111쪽.
104) 안재홍, 「朝鮮上古史管見(十六)」, 『조선일보』 1930.02.14, 4면.

가를 만들어 지켜가면서 다시는 강대한의 침략을 받지 않도록 우리의 생존권을 영원히 보장하여 가자는 것이 신민족주의"라고 제시한다.[105] 그리고 "단군 건국의 기본이념으로 되어있는 『홍익인간』도 실은 그 국내적으로 국한된 경우에는 대중공생, 만민공화의 균등사회를 이상으로 한 바요 … 고대적 민주주의임에 견주어 이는 분명한 신민주주의로 되는 것"[106]이라고 연계한다. 결국 안재홍은 홍익인간의 이념을 해방된 조국에서 통일민족국가 건설이념으로 채택하기 위해 만민평등 대중공생의 신민족주의와 신민주주의로 변용 확장시켰던 것이다.

이로부터 안재홍은 "이 즉 홍익인간(弘益人間)의 대도(大道)요 만민공생하는 「다사리」의 도(道)인 것이다. 그리고 「나라」는 「누리」로 될 수 있나니 국가주의의 차위(次位)는 「누리」인 세계주의로서 인류대동(人類大同)을 지향함"[107]이라고 새로운 통일민족국가의 정치=다사리 이념이 인간과 세계에 '널리 이롭게 하는' 세계주의로의 지향성을 갖는다고 차별화할 수 있었다. 이 점에서 '민족에서 세계로, 세계에서 민족으로'라는 안재홍의 이상상이 드러나며, 그 실체로서 신민족주의를 보편사와 일국사, 국가와 국가, 국가와 개인, 개인과 개인의 모든 대립적 관계성을 조화로 아우를 수 있는 정치동력으로 정당화한다. 그것이야말로 안재홍의 정신활동이 신민족주의 · 신민주주의라는 정치교의로 표명되었던 이유를 밝혀주며,[108] 민주적 원리에 기초한 민족국가 건설의 선행조건으로 신민족주의를 제기한 것임을 확인시킨다.[109]

---

105) 안재홍, 「新民族主義로-國民黨首 安在鴻氏 政策放送」, 『자유신문』 1945.12.15, 1면.
106) 안재홍, 「三均主義와 新民主主義 ③」, 『한성일보』 1946.12.11, 1면.
107) 안재홍, 『新民族主義와 新民主主義』, 1945, 38쪽.
108) 윤대식, 「안재홍의 신민족주의론에 내재한 정치적 의무관」, 『한국사학보』 20호, 2005, 291쪽.
109) 윤대식, 앞의 책, 2018, 87-88쪽.

5. 마치며

안재홍의 '통사' 저술은 상고사만을 정리해서 출간되었고 사실상 미완으로 끝났다. 물론 안재홍이 전문적인 역사학자가 아니었다는 점, 언론인으로서 정론(政論)으로 식민투쟁을 지속했다는 점, 해방 후엔 정치인이자 민정장관을 역임하면서 현실정치에 깊이 개입했다는 점 등을 고려하면 오히려 해방 후 『新民族主義와 新民主主義』(1945), 『朝鮮上古史鑑』(1947/8), 『韓民族의 基本進路』(1949)로 이어지는 일련의 저술 작업은 안재홍의 정신의 삶에 일관된 활동의 삶으로 평가할 수 있을 정도이다. 다만 자신을 둘러싼 세계와 조응하는 과정에서 개인적인 꿈을 일정 부분 실현한 것으로 상고사 저술을 바라본다면, 상고사 저술에 그친 '통사' 저술은 식민지 투쟁과 통일민족국가-건설 과정에서 이행해야 할 자신의 책무로 각성하고 정신의 삶과 활동의 삶을 정합한 결과라고 평가할 수 있으며, 이 점에서 안재홍을 '정치지성'으로 규정할 수 있을 것이다.

안재홍의 민족주의 사학이 갖는 특징은 그 스스로가 천명했듯이 과학적 방법으로서 역사를 접근해서 조국의 해방과 통일 그리고 문화대국으로의 필연적인 역사발전을 정당화하는 데 있었다. 그렇기 때문에 민족주의 역사학이 현재도 근거 없는 민족주의 감정의 호소이기에 수용될 수 없다거나 실증주의 역사학이 식민사학의 잔재라거나 하는 평가와 상관없이 안재홍의 역사학을 조명해야 할 필요가 있다. 왜냐하면 역사학이 무엇이고 역사학자가 누구이며 어떤 방법론이 올바른 것인지 여부는 역사학이라는 학적 영역과 역할을 염두에 두었을 때 제기되는 문제이기 때문이다. 오히려 인간은 공동체적 삶을 통해 비로소 '생존과 편의'를 보장받아 '인간다움'을 보여줄 수 있다는 '정치적 삶'의 의미와 이를 명확히 하는 공적 영역과 사적 영역의 경계

짓기를 생각한다면, 자신을 둘러싼 세계라는 조건에 놓였음에도 불구하고 누군가에게 기억되고 재현되는 삶을 성취함으로써 불멸성을 확보하는 것이 '인간의 삶'이라는 아렌트의 단정은 자연스럽게 역사를 어떻게 바라봐야 하는지에 대한 해답을 제공한다. 안재홍의 책무 각성에 따른 정신의 삶과 '통사' 저술에 따른 활동의 삶은 바로 정치적 삶으로서 인간의 삶의 완성을 보여주는 전형적인 공적 행위자의 모습이었다.

이 점에서 안재홍의 '통사' 저술에 내포된 명백한 의도, 즉 식민지 투쟁과 해방 그리고 민족국가 건설의 주체로서 '민족'의 실체와 정체성을 역사적으로 소급해서 그 기원을 밝히고, 원형적인 구성요소들-조선소(朝鮮素)-을 상기시킴으로써 대중을 결속시키는 정신적 기제로 제시한 것이었음에 주목할 필요가 있다. 그것은 『삼국유사』를 집필한 일연의 동기와 목적이 몽골의 지배로 인한 민족적 좌절감을 극복하기 위해 일반 대중에게 역사와 문화의 전달을 용이하게 하려는 데 있었던 것과 마찬가지이다. 그렇기 때문에 『삼국유사』는 일연 개인이 자의적인 편목 구분에 따라 구성된 역사기술 방식을 취했던 것이고, 임의로 선정한 다양한 주제와 사료를 포함했던 것이다.

비록 『조선통사』가 상고사에 국한되었던 미완의 저술이라고 할지라도, 안재홍의 상고사 연구와 '통사' 저술은 '왜 역사를 알아야 하는가?'라는 근본적인 의문에 대한 답변으로 의의를 지닌다. 그리고 안재홍 자신에게도 '왜 나라가 망했고, 왜 식민지배가 부당하며, 왜 해방과 독립의 열망을 잃어서는 안 되는 것인지'를 확신하게 한 동력이었을 것이다. 안재홍에게 '민족'은 당대 '민중'이었고, 민족주의는 민주주의와 동의어였다. 단지 선후의 문제였을 뿐이다. 민족이 앞서야 투쟁과 해방의 주체가 설정될 수 있고, 그들에 의해 역사적 필연으로서 해방과 민족국가 건설이 이루어질 수 있으며, 그 운영원리는 민주적이어야 한다는 안재홍의 이상상은 상실된 공적 영역의 회복과 새로운 공적 영역에서 보존되어야 할 가치를 우선한다는 점에서도 공적(公的)이었다. 그래서 그를 스스로의 정치적 책무를 각성하고 이행하려고 했던 학습된 공적 행위자, 즉 정치지성이라고 평가할 수 있는 여지를 갖게 되는 것이다.

참고문헌

1. 안재홍 저작 및 선집

안재홍, 『新民族主義와 新民主主義』, 민우사, 1945.

안재홍, 『朝鮮上古史鑑 上』, 민우사, 1947.

안재홍, 『韓民族의 基本進路』, 조양사, 1949.

안재홍선집간행위원회 편, 1983, 『민세안재홍선집 2』, 지식산업사.

안재홍선집간행위원회 편, 1992, 『민세안재홍선집 4』, 지식산업사.

고려대학교박물관 편, 2005, 『민세안재홍선집 6』, 지식산업사.

2. 안재홍 사설 및 기고문(자료)

안재홍, 「朝鮮上古史管見(二)」, 『조선일보』, 1930년 1월 29일.

안재홍, 「朝鮮上古史管見(三)」, 『조선일보』, 1930년 1월 30일.

안재홍, 「朝鮮上古史管見(四)」, 『조선일보』, 1930년 2월 1일.

안재홍, 「朝鮮上古史管見(五)」, 『조선일보』, 1930년 2월 2일.

안재홍, 「朝鮮上古史管見(七)」, 『조선일보』, 1930년 2월 4일.

안재홍, 「朝鮮上古史管見(八)」, 『조선일보』, 1930년 2월 5일.

안재홍, 「朝鮮上古史管見(九)」, 『조선일보』, 1930년 2월 6일.

안재홍, 「朝鮮上古史管見(十)」, 『조선일보』, 1930년 2월 7일.

안재홍, 「朝鮮上古史管見(十二)」, 『조선일보』, 1930년 2월 9일.

안재홍, 「朝鮮上古史管見(十三)」, 『조선일보』, 1930년 2월 11일.

안재홍, 「朝鮮上古史管見(十四)」, 『조선일보』, 1930년 2월 12일.

안재홍, 「朝鮮上古史管見(十六)」, 『조선일보』, 1930년 2월 14일.

안재홍, 「朝鮮上古史管見(十七)」, 『조선일보』, 1930년 2월 15일.

안재홍, 「될뻔記 나는 少年時節에 어떤 野心을 가젓섯나–朝鮮의 司馬遷」, 『동광』 3권
　　　9호, 1931.9.4.

안재홍, 「申丹齋學說私觀」, 『조광』 2권 3호, 1936.4.15.

안재홍, 「文化의 進路」, 『문화창조』 창간호, 1945.12.15.

안재홍, 「大衆共生의 理念」, 『백민』 1호, 1945.12.15.

안재홍, 「新民族主義로–國民黨首 安在鴻氏 政策放送」, 『자유신문』, 1945.12.15.

안재홍, 「三均主義와 新民主主義 ③」, 『한성일보』, 1946.12.11.

3. 논문 및 단행본

고　원, 「마르크 블로크의 비교사」, 『서양사학』 93호, 2007.

김기승, 「식민지시대 민족주의 사학자들의 역사인식」, 『내일을 여는 역사』 25호, 2006.

김수태, 「안재홍의 신민족주의와 사회사 연구」, 『한국근현대사연구』 24집, 2003.

김응종, 「실증사학과 실증주의 사학-19세기말 프랑스의 역사학을 중심으로」, 『역사와
　　　담론』 19-20합집, 1992.

김응종, 「아날학파와 역사의 공간화」, 『황해문화』 9호, 1995.

김인식, 「안재홍의 신민족주의 이념의 형성과정과 조선정치철학」, 『한국학보』 24집 4호,
　　　일지사, 1998.

김인식, 「안재홍, 중도의 길을 걸은 신민족주의자」, 『내일을 여는 역사』 11호, 2003.

김인식, 『안재홍의 신국가건설운동 1944-1948』, 선인, 2005.

김인식, 「1930년대 안재홍의 '조선학'론」, 『한국인물사연구』 23호, 2015.

김인희, 「국어학적 관점에서 본 안재홍의 기, 지, 치 이론의 성과와 한계」, 『어문논집』
　　　70집, 중앙어문학회, 2017.

김헌기, 「역사주의 이데올로기와 역사학」, 『사림』 38권, 2011.

단재 신채호 원저, 박기봉 옮김, 『조선상고사』, 비봉출판사, 2006.

류시현, 「1930년대 안재홍의 조선학운동과 민족사 서술」, 『아시아문화연구』 22집, 가
　　　천대학교 아시아문화연구소, 2011.

류시현, 「민속학을 적용한 최남선의 조선학 연구: 1910~20년대 단군 논의를 중심으로」,
　　　『역사민속학』 48호, 2015a.

류시현, 「한말 일제 초 단군과 고조선 인식의 체계화」, 『한국사학보』 61호, 2015b.

마르크 블로크 지음, 고봉만 옮김, 『역사를 위한 변명: 역사가의 사명』, 한길사, 2008.

신우철, 「건국강령(1941.10.28.) 연구: '조소앙 헌법사상'의 헌법사적 의미를 되새기며」,
　　　『중앙법학』 10권 1호, 2008.

윤대식, 「안재홍의 신민족주의론에 내재한 정치적 의무관」, 『한국사학보』 20호, 2005.

윤대식, 『건국을 위한 변명: 안재홍, 전통과 근대 그리고 민족과 이념의 경계인』, 신서
　　　원, 2018.

이민원, 「근대 학설사 속의 단군민족주의: 대한제국의 편찬사업 및 대종교와 관련하여」,
　　　『한국사상과 문화』 72권, 2014.

이재원, 「마르크 블로크: '역사를 위한 삶'」, 『역사와문화』 12호, 2006.

이진한, 「민세 안재홍의 조선사 연구와 신민족주의론」, 『한국사학보』 20호, 2005.

이진한, 「민세의 한국 중세사 인식과 유물사관 비판」, 민세안재홍선생기념사업회, 『안

재홍의 항일과 건국사상』, 백산서당, 2010.

임종권, 「한국 실증주의 사학의 계보−식민사관과 상관성」, 『역사와융합』 2집, 2018.

정윤재, 「안재홍의 신민족주의 역사의식과 평화통일의 과제」, 『한국동양정치사상사연구』 17권 1호, 2018.

정종현, 「단군, 조선학 그리고 과학: 식민지 지식인의 보편을 향한 열망의 기호들」, 『한국학연구』 28권, 인하대학교 한국학연구소, 2012.

채관식, 「안재홍의 인류학 이론 수용과 조선 상고사 연구−「朝鮮上古史管見」을 중심으로」, 『한국사연구』 167호, 2014.

채관식, 「1930년대 전반 고대사회 이론의 수용과 한국 고대사 연구−안재홍과 백남운을 중심으로」, 『역사와실학』 57집, 2015.

최성철, 「서구 '현대 역사학'의 탄생」, 『한국사학사학보』 40집, 2019.

최영성, 「일제시기 반식민사학의 전개」, 『한국사상과 문화』 9호, 2000.

최호근, 「레오폴트 폰 랑케의 역사 내러티브」, 『역사학보』 242집, 2019.

표정옥, 「청소년의 다문화 의식 함양을 위한 『삼국유사』의 창의적 글쓰기와 독서토론 연구」, 『다문화콘텐츠연구』 11집, 2011.

한나 아렌트 지음, 이진우 옮김, 『인간의 조건』, 한길사, 1996.

한나 아렌트 지음, 홍원표 옮김, 『정신의 삶 Ⅰ』, 푸른숲, 2019.

한영우, 「안재홍의 신민족주의와 사학」, 『한국독립운동사연구』 1집, 1987.

한영우, 『한국민족주의역사학』, 일조각, 1994.

홍원표, 「영구평화, 인류의 공존 그리고 세계일가: 칸트, 야스퍼스, 아렌트 그리고 조소앙」, 『문학과사회』 24권 1호, 2011.

『論語』, 『孟子』

www.krpia.co.kr/ 삼국유사(이병도 역).

이승만과 안재홍

- 독립과 건국을 위한 협력관계 -

오영섭 (이승만건국대통령기념사업회 연구실장)

이승만과 안재홍

- 독립과 건국을 위한 협력관계 -

오영섭 (이승만건국대통령기념사업회 연구실장)

1. 머리말

이승만(李承晩, 1875~1965)과 안재홍(安在鴻, 1891~1965)은 한국 근현대사
를 빛낸 인사들이다. 이들은 일제강점기의 엄혹한 상황에서 독립대의의 실
현을 목표로 분부하다가 인연을 맺게 되었다. 이때 전자는 해외에서 외교독
립운동과 민족교육운동을 줄기차게 벌였고, 후자는 국내에서 일제의 탄압을
견뎌가며 실력양성운동을 벌였다. 미군정기에 건국대의를 구현하는 과정에
서 전자는 단독정부 수립운동을 벌이다가 보수우파 중심의 민주정부를 세우
는 위업을 달성했고, 후자는 좌 · 우 인사를 망라한 민족정부를 원하다가 이
것이 여의치 못하자 중간우파 중심의 민주정부 수립을 위해 분투하였다. 이
로써 양인은 한국 근현대의 시대적 과제인 독립과 건국을 실현하기 위해 헌
신한 민족지도자라는 평가를 받게 되었다,

이승만과 안재홍은 여러 가지 측면에서 분명한 차이를 보였다. 독립운동
방략 면에서 전자는 미국과 국제기구를 상대로 한국의 독립을 호소하는 외

교독립운동에 치중했고, 후자는 언론활동·저술활동·단체활동을 통해 독립의 기반을 폭넓게 구축하려 노력했다. 정치적인 측면에서 전자는 극우반공 성향의 정치인으로서, 후자는 중도우파 정치인으로서 널리 알려져 있었다. 종교적인 측면에서 전자는 강렬한 기독교사상으로 조국과 개인을 해방시켜 그들에게 자유와 독립을 찾아주려 했으며, 후자는 신흥민족종교인 대종교를 통해서 한민족을 단일한 사상집단으로 만들려 하였다. 이러한 확연한 정치적·사상적·종교적인 차이들로 인해 독립과 건국이라는 공통의 대의를 제외하면 양인에게 있어서 세부적인 접점은 전혀 없었던 것처럼 보인다.

그러나 일제강점기에 이승만과 안재홍은 조국의 독립과 건국이라는 대의를 실현하려 노력하는 과정에서 이제까지 알려진 것과는 달리 상당한 정도의 협력과 후원관계를 보였다. 양인은 1910년대 초반 황성기독교청년회 시절부터 1920년대 중반 흥업구락부 결성 때까지 자신들의 주활동지인 미주와 원동이라는 거리차이를 극복하고 은밀한 인적 채널을 통해 협력과 후원관계를 유지하였다. 두 사람 사이의 협력과 후원기간이 일제강점 전반기에 국한된 아쉬움이 있기는 하지만, 이들의 협력과 후원관계는 독립의 기반을 구축하기 위한 민족지도자들의 노력의 일환이었다는 점을 주목해야 한다고 생각한다. 이 글은 기왕의 연구에서 깊이 다뤄지지 않은 해방 이전 시기 이승만과 안재홍이 독립과 건국을 실현하기 위해 어떠한 협력과 후원관계를 보였는가를 살펴보려는 것이다.

2. 황성기독교청년회를 매개로 한 인연의 시작

이승만과 안재홍이 처음 인연을 맺은 것은 황성기독교청년회(서울YMCA)를 통해서이다. 두 사람이 관계하기 시작한 1910년대 초반에 서울YMCA는 한말 독립협회의 축소판과 같았다. 한성감옥서에서 개종한 정치범 출신의 양반신자들과 외국에서 유학하고 돌아온 개화인사들이 모여 있던 한국 개신교계 엘리트들의 집합소가 바로 서울YMCA였기 때문이다. 또한 서울YMCA는 미국인 선교사 질레트(Philip L. Gillett)과 브로크만(Frank M. Brockman)이 각각 총무와 협동총무직을 맡고 있었고, 미국, 일본 및 유럽의 YMCA와 튼튼한 유대를 맺고 있었다. 따라서 서울YMCA는 일체의 출판·집회·결사의 자유를 억압하고 강압적인 식민통치를 자행하고 있던 일제 총독부로서도 가볍게 다룰 수 없는 해방구와도 같은 곳이었다. 이로 인해 서울YMCA는 서울과 지방의 애국적인 청년학도들이 몰려들었다.

안재홍은 평택의 진흥의숙을 다니다가 수원의 기독교계 사립학교에 들어가 몇 개월간 수학하였다. 그러다가 '애국심 혹은 애국사상'이란 것에 고무되어 서울로 올라가 서울YMCA 중학부에 입학했다. 이때 그는 "독립협회운동 이래 뜻있는 지사들이 모두 그곳에 있으니 거기로 가서 고명하신 사상과 학문을 배우라"는 부친의 지시에 따라 서울YMCA에 들어갔다. 이를테면 안재홍은 "지방사람들이 서울의 고명한 선생님들이 지도하는 좋은 학교를 찾아가야 한다며 보따리를 싸가지고 일부러 입학하는 곳"인 인재의 요람 서울YMCA에 들어간 셈이다.[1]

1907년 9월부터 1910년 8월까지 3년간 서울YMCA에 다니는 동안 안재홍은

---

1) 천관우, 「民世 安在鴻 年譜」, 『民世安在鴻選集』(이하 『선집』으로 줄임) 4, 지식산업사, 1992, 387쪽.

개인적 자긍심과 근대학문에 대한 지식을 정립하게 되었다. 그에 의하면, "서울YMCA에 가서 보니 月南 李商在 선생과 南宮檍씨와 尹致昊씨 등 기타 제씨가 계시고 출입하고 하여 과연 일대의 지도자들이 모두 모인 곳이라고 나는 매우 만족하고 스스로 그곳 학생으로서의 긍지를 갖게 되었다"고 하였다.[2] 당시 안재홍과 같이 서울YMCA를 다닌 이관구는 "YMCA 중학시절에 月南과 尤史 두 분 선생님의 훈도를 받으면서 같은 학창에서 지냈던 일이 먼저 기억에 떠오른다"고 하였다.[3] 이를 보면 안재홍은 독립협회에 관계한 이상재·남궁억·윤치호 등과 미국 유학을 다녀온 김규식 등 여러 민족지사들로부터 신학문을 전수받았음을 알 수 있다.[4]

이승만은 1908년 이후 폭증한 청년회원 대상의 교육·종교 활동을 총괄할 만한 높은 수준의 학식과 적극적인 친기독교 성향을 지닌 신지식인을 물색하던 미국 선교사들에 의해 특별 발탁되어 서울YMCA에 들어왔다. 그는 서울YMCA의 그레그(George A. Gregg) 학감과 YMCA국제위원회 모트(John R. Mott)) 위원장의 부탁 외에도, 이미 게일(James S. Gale) 목사와 질레트 목사로부터 서울YMCA의 직임을 맡아달라는 부탁을 받은 적이 있었기 때문에 서울YMCA의 제안을 흔쾌히 수락했다. 당시 서울YMCA가 이승만을 특별 초빙한 것은 서울YMCA의 종교부·청년부 위원장을 겸임하며 교육·종교사업을 총괄하고 있던 이상재가 미국 선교사들과 이승만의 초빙문제를 비밀리에 교섭

2) 천관우, 「民世 安在鴻 年譜」, 387쪽.
3) 이관구, 「民世先生 十二周忌에 즈음하여」, 『선집』 1, 지식산업사, 1981, 570쪽.
4) 안재홍은 황성기독교청년회에서 수학하는 동안 근대학문에 대한 기초를 확고히 하였다. 그는 『美國獨立戰史』·『瑞士建國誌』·『意太利建國三傑傳』·『越南亡國史』·『波蘭末年戰史』 등과 같은 정치·외교에 관계되는 서적들을 폭넓게 읽었고, 당시 신진정치가들이 경전같이 존숭하던 양계초의 『飮氷室文集』과 『飮氷室自由書』 등의 서책을 독파하였다. 천관우, 「民世 安在鴻 年譜」, 388쪽.

했기 때문이라고 한다.[5]

　서울YMCA에서 이승만은 다양한 활동을 벌였다. 그는 주일마다 오전에는 서울시내 각 교회에서 설교를 담당하고, 오후에는 매주 200명 정도의 학생들이 참석하는 성경연구반을 인도했다. 또한 청년회 학교에서 1주일에 9-12시간가량 성경과 국제법을 가르쳤고, 수시로 서울의 각급 학교와 청년모임에서 특강을 하였고, 경향 각지의 기독교계 선교학교에 기독청년회를 조직했으며, 전국을 순회하며 학생YMCA운동을 지도하고, 개경에서 열린 학생하령회에 참석하고, 틈날 때마다 자신이 중요한 사업이라고 간주한 번역사업을 벌였다.[6] 이승만이 서울YMCA에서 추진한 이러한 모든 사업은 두말할 것도 없이 이상재의 지원과 협조하에서 이루어졌음을 주목할 필요가 있을 것이다.[7]

　이상에서 살펴본 것처럼, 이승만과 안재홍은 일제강점기에 서울YMCA와 깊은 관계를 맺고 있었다. 그런데 안재홍은 처음에는 신익희처럼 미국유학을 원했다가 이상재의 충고를 받아들여 일본을 유학지로 정한 다음 1910년 9월 동경으로 출발하였다. 박사학위를 마치고 1910년 10월 10일 귀국한 이승만은 11월 6일 서울YMCA 학감에 부임하여 활동하다가 105인사건의 탄압을 피해 1912년 3월 26일 서울을 떠났다. 이로 인해 이승만의 국내 활동 시기에 양인이 서울YMCA가 주최하는 공식행사장에서 만났다는 기록은 보이지 않

---

[5] 오영섭, 「이상재와 이승만 : 개화·선교·독립을 위한 협력과 후원 관계」, 『한국민족운동사연구』 101, 2019, 73-75쪽.

[6] 오영섭, 「이상재와 이승만 : 개화·선교·독립을 위한 협력과 후원 관계」, 76-77쪽.

[7] 서울YMCA 50주년 기념 담화에서 이승만은 "그해(1910) 10월에 귀국해서 종교와 교육사업으로 종신할 희망을 가지고 전국에 각 중학교 대학교를 심방하여 학생기독교청년회를 조직하여 학생하령회를 열며 주일날에는 바이블클래스를 조직해서 기독교청년회 건물을 가득 차게 해서 활동하였던바 이때 고 월남 이상재 씨와 서로 도와 일했던 것이다"고 당시를 회고하였다. 『대통령이승만박사담화집』 2, 「기독교청년회 50주년을 마저」, 공보처, 1953, 281쪽.

는다.

안재홍은 매년 여름방학 때마다 귀국하면 서울YMCA로 가서 스승 이상재에게 인사를 드리고, 이어 서울YMCA 중학교에 들러 동경 유학생들의 활동상황과 해외소식을 보고했다고 한다.[8] 이를 감안하면, 안재홍이 1911년 여름방학 때 서울에서 서울YMCA를 방문하는 자리에서 이승만을 만났을 가능성이 있다. 만약 그때 양인이 만났다면, 그 시점은 아마도 이승만이 1911년 가을 제2차 전국순회 전도여행을 떠나는 이전 서울에 머물고 있던 1911년 7-8월경이었을 것으로 보인다.

이승만과 안재홍이 서울YMCA를 통해 맺은 인연에서 간과할 수 없는 사실은 양인이 모두 이상재와 매우 긴밀한 사이였다는 점이다. 주지하듯이 이승만은 독립협회 때부터 대한민국임시정부 대통령 재임 때까지 이상재와 내외상응의 밀착관계를 맺고 있었다. 이상재와 이승만은 25살의 나이차를 극복하고 정치적·사상적·종교적인 일체감을 유지하며 한국의 근대화와 독립을 위한 아낌없는 협력과 지원을 주고받는 철혈같은 동지관계였다.[9] 이상재와 안재홍은 41살의 손자뻘 나이차를 보였는데, 안재홍은 서울YMCA에서 이상재에게 직접 배웠다. 나중에 그는 해외유학지를 선택할 때 미국보다는 일본으로 먼저 유학을 가라는 이상재의 충고를 그대로 따랐을 정도로 이상재를 신뢰하고 의지하였다.[10]

요컨대 이승만과 안재홍은 기독교와 서울YMCA를 매개로 인연을 맺어 기독교민족주의자라는 사상적 일체감을 공유한 다음, 다시 민족운동의 선배이

---

8) 이관구, 「民世先生 十二周忌에 즈음하여」, 570-571쪽.
9) 이상재와 이승만의 관계에 대해서는, 오영섭, 「이상재와 이승만 : 개화·선교·독립을 위한 협력과 후원 관계」 참조.
10) 안재홍은 학창시절과 사회생활을 할 때 이상재 이외에 중앙학교 교장 유근을 깊이 신뢰하고 따랐다.

자 인생의 선배인 이상재를 통해 복합적인 인연을 맺었음을 알 수 있다. 이는 향후 이승만과 안재홍의 독립운동이 이상재의 독립운동과 상당 부분 연동되어 나갈 것임을 시사하는 것으로서 주목을 요하는 대목이라고 말할 수 있다.

3. 동경조선기독교청년회에서의 만남과 헤어짐

1910년 9월 일본으로 유학을 떠난 안재홍은 아오야마(靑山)학원에서 일본어를 배운 후 이듬해 9월 와세다대학 정경학부에 입학했다. 대학시절을 비롯하여 안재홍의 일본 체류 이후의 교우범위는 주로 기독교를 매개로 이뤄졌다. 그에 의하면, "중학시대를 황성기독교청년회 학관에서 지내었고 동경에 건너간 후에는 의연히 기독교청년회에 간여하고 있었더니 만치 기독교계의 선배·지우가 자못 반은 분수이요, 어찌했든 경성에의 학생생활이 나의 교우하는데 한시기가 되었다"고 하였다.[11] 이를 보면 안재홍은 서울YMCA에서 기독교를 통해 구축한 교우관계를 일본 유학기까지 연장 확대해 나갔음을 알 수 있다. 하여간 일본에서 안재홍은 서울YMCA에서 파견된 金貞植이 1906년 11월에 주도적으로 설립한 東京朝鮮基督教青年會(도쿄조선YMCA)에 소속되어 활발한 활동을 벌이다가 도쿄를 방문한 이승만을 만나게 되었다.

이승만은 1912년 3월 26일 생일날 미국 미네소타주 미니애폴리스에서 열리는 감리교4년총회(General Conference of the M. E. Church)에 참석하기 위해 서울을 떠났다. 그는 3월 31일부터 4월 5일까지 유학생 크리스천들의 집회를 주관하고 4월 6일 미국으로 떠날 예정이었다. 이는 그 기간에 일본에서

---

11) 안재홍, 「나의 교우록」(『삼천리』, 1935년 9월호), 『선집』 6, 지식산업사, 2005, 506쪽.

열리는 기독교 학생대회에 참석해달라는 도쿄조선YMCA의 초청에 따른 것
이었다.[12] 이 집회에 참석하기 위해 서울YMCA의 질레트 총무, 안재홍의 스
승인 종교부 간사 이상재, 감리교 선교사 크램(Willard G. Cram) 등이 이승만
과 동행하였다.

3월 27일 오전 시모노세키에 상륙한 이승만 일행은 곧바로 교토로 이동하
였다. 이곳에서 YMCA국제위원회가 파견한 펠프스(G. L. Phelps)와 일본
YMCA 총무 등의 영접을 받고 하루 동안 교토를 둘러보았다. 이어 3월 29일
저녁 도쿄역에 도착하여 한국학생 25명의 환영을 받았다. 당시 한국학생들
은 이승만 일행이 28일 저녁에 도쿄역에 도착하는 것으로 알고 100여 명이
마중을 나왔다가 섭섭해 하면서 돌아갔다고 한다.[13] 이승만 일행은 도쿄조
선YMCA 회관 근처에 있는 히요시캉(日芳館)이라는 여관에 여장을 풀었다.
이들은 3월 29일 저녁 도쿄조선YMCA 회관에서 한국유학생 67명으로부터 환
대를 받았는데, 이 환영회에서 白南薰이 사회를 보고 趙素昻이 환영연설을
하였다.

안재홍은 이승만 일행의 도쿄 방문 당시 환영회를 주도했을 것으로 보인
다. 이승만 일행의 도쿄방문은 안재홍이 가담하여 주도적으로 활동하고 있
던 도쿄조선YMCA가 초청한 행사였으며, 서울YMCA의 스승 이상재와 동경유
학생들의 역할모델인 이승만을 환영하는 중요한 행사였기 때문이다. 따라서
3월 28일 저녁 도쿄역에 모인 100여명의 환영인파와 3월 29일 저녁 도쿄조선
YMCA 회관에서 열린 환영회에는 당연히 안재홍이 참석했을 것이다.

이승만 일행의 일본 방문 목적은 도쿄조선YMCA의 총무직을 맡고있는 이
승만의 옥중동지 김정식을 도와서 도쿄조선YMCA의 기반을 다지는 일이었

---

[12] *Log Book of Syngman Rhee*, 1912년 3월 26일.
[13] *Log Book of Syngman Rhee*, 1912년 3월 29일.

다. 이를 위해 이승만 일행은 3월 30일부터 1주일 동안 도쿄에서 남쪽으로 100km 떨어진 가마쿠라(鎌倉)에서 열린 '가마쿠라춘령회(春令會)'에 참석하였다. 이때 유학생 44명과 질레트, 이상재, 김정식, 최상호와 몇몇 내빈이 참석하였고, 이승만은 의장을 맡아 개막연설을 하고 춘령회를 이끌었다. 참석자들은 1주일간 공동기도, 성경공부, 토론, 찬송가합창을 계속하며 춘령회를 진행하였다. 그 결과 4월 5일에 노정일 회장, 정세윤 등 26명을 중심으로 학생복음전도단(Students' Gospel Band)을 발족시킬 수 있었다.

가마쿠라춘령회를 성공적으로 마친 이승만은 4월 6일 오전 도쿄로 되돌아가 '유학생친목회' 대표 24명이 마련한 환영오찬에 참석하였다. 이들은 비를 맞으면서 호텔 현관 앞에서 기념촬영을 하였다.[14] 이때 찍은 사진에는 이승만을 포함하여 申錫愚, 文一平, 金性洙, 李仁, 閔圭植, 金貞植 등등 총 24명이 담겨있다. 그리고 사진 상단 원내에는 안재홍의 얼굴이 실려있는 것으로 미루어 이때 안재홍도 참석한 것으로 보인다. 이들은 식사 후 친목의 중요성을 강조하는 연설을 이어갔다.

4월 6일 저녁 7시에 도쿄조선YMCA 회관에서 218명의 유학생을 상대로 특별전도강연회가 열렸다. 이때 크램과 질레트의 간단한 연설에 이어 이승만이 '한국 학생들에게 거는 기대'라는 제목으로 애국과 기독교신앙의 불가분의 관계에 대해서 강연을 하였다. 국내에서 거둔 YMCA운동의 성과와 105인 사건의 참혹하고 야만적인 실상을 개인적 체험을 곁들여 선동적으로 연설하자 장내는 구국의 열기로 가득 차게 되었다. 이러한 고조된 분위기를 이용하여 김정식이 도쿄조선YMCA 회관건축을 위한 모금계획을 보고하자 이 자리에 모인 유학생 중에서 167명이 1,365엔을 희사하였다.[15] 이는 자금문제 때문

---

14) *Log Book of Syngman Rhee*, 1912년 3월 30일.

15) Syngman Rhee, "Report of the First Korean Student's Conference in Japan," 1912.8.12.;

에 도쿄조선YMCA 회관신축을 주저하고 있던 YMCA국제위원회의 결단을 촉구하는 계기가 되었다.

아울러 이승만의 감동적인 애국연설은 민규식 등 양반 출신의 유학생들을 기독교 신자로 만드는 성과로 이어졌다. 그리하여 강연회 다음날인 4월 7일 주일날 아침에 도쿄조선YMCA 회관에서 10여 명의 유학생이 크램 목사에게 세례를 받았고, 36명이 학습교인이 되었다. 연보에 의하면, "안재홍은 조선교회에서 세례를 받은 이래, 옥중생활을 통해 기독교신앙을 굳혀가며 많은 독서를 하였다"고 하였다.[16] 이때 '조선교회'는 도쿄조선YMCA 회관에 마련된 예배당을 말하는 것으로 판단된다.

이승만은 도쿄에 체류하는 동안 한국학생들의 극진한 환대를 받았다. 당시 이승만의 숙소를 드나든 한국학생들은 약 5-60명이나 되었다고 한다. 이들 중에서 중요 인물들은 안재홍을 비롯하여 曹晩植, 宋鎭禹, 李光洙, 張德秀, 申翼熙, 金炳魯, 崔麟, 趙鏞殷(趙素昻), 金炳魯, 玄相允, 李仁, 田榮澤, 尹白南, 金弼禮 등이다.[17] 이들은 이승만으로부터 국내 사정을 청취함은 물론 민족의 장래를 깊이 있게 논한 것으로 알려져 있다.

메이지대학 법과를 다니며 당시 역사의 현장에 있었던 이인의 훗날 회고에 의하면, "이 무렵에 일본에 있던 한국유학생들은 한국이 나라를 잃은 까닭은 국제적으로 진출하지 못하여 국제적 발언권이 없는 데에도 원인이 있다고 생각했던 터라 국제적인 인물인 이승만에게 많은 존경을 보냈고 그에게 막연하게나마 큰 기대를 걸었다"고 회고했다.[18] 이를테면 동경유학생들은

Log Book of Syngman Rhee, 1912년 3월 30일.
16) 천관우, 「民世 安在鴻 年譜」, 388쪽.
17) 平江油二, 『朝鮮民族獨立運動祕史』, 東京: 巖南堂書店, 1966, 221-223쪽.
18) 李仁 증언, 「人間李承晩百年(67)」, 『한국일보』, 1975년 6월 24일자.

국제통으로 널리 알려진 이승만이 국제무대에서 약소국 한국의 독립자주문제를 해결하는데 큰 기여를 해줄 것을 기대하고 있었음을 알 수 있다.

요컨대 이승만과 안재홍의 도쿄에서의 만남은 한민족의 독립과 발전을 위해 적극적으로 협력해 나갈 것을 약속하는 계기가 되었다. 아울러 이때의 만남은 양인이 평생 서로에 대해 신뢰감을 유지하도록 하는데 결정적인 역할을 하였을 것으로 보인다.

4. 독립운동방략에 대한 사상적 일치

이승만은 1912년 늦여름경부터 하와이로 와서 민족운동을 도와달라는 하와이국민회 인사들의 요청을 받아들여 1913년 2월 3일 하와이에 당도했다. 이후 이승만은 하와이 한인사회의 가장 유력한 인사로서 교육·종교·언론·단체·식산 등 다방면에 걸쳐 민족운동을 활발히 벌여나갔다. 이러한 민족운동은 실력양성론과 외교구국론 및 기독교민족주의에 입각한 것으로서 온건한 방식의 장기지속적인 독립운동방략에 속한다.

하와이에서 이승만은 민지의 증대, 민족의식 고취, 민족운동의 선전을 위해 다양한 언론활동을 벌였다. 그중 주목할 만한 것으로는 순한글 월간지인 『태평양잡지』와 순한글 주간지인 『태평양주보』 발간활동을 들 수 있다. 이외에도 이승만은 한인기독교회의 기관지인 『한인교회보』 발간활동, 하와이 언론과 백인사회를 대상으로 전개한 한국 홍보 및 교민 보호 활동, 『국민보』 등 국문 신문과 하와이 영자신문에의 기고 활동 등을 동시에 벌였다. 이중에서 『태평양잡지』 발간활동은 이승만이 하와이 체류 전반기에 심혈을 기울인 사업이었을 뿐 아니라 그의 독립사상을 가장 선명히 드러낸 사업이었다.

1913년 9월 1일 창간되어 1930년 12월 13일까지 간행된『태평양잡지』는
『국민보』,『한민시사』,『한인교회보』등과 함께 배일적인 기사를 실었다 하
여 한국 내에서 배포금지 처분을 받았던 항일성향의 잡지였다. 또한『태평양
잡지』는 1923년 이후 동지회의 기관지로 편입되어 이승만의 외교독립노선을
선전·홍보하는 친위언론의 역할을 맡은 친이승만계 잡지였다. 나아가『태
평양잡지』는 미국의 보호 내지 후견하에서 자치운동을 통한 영세중립국의
수립을 갈구했던 이승만의 '실력양성론적 외교독립노선'의 핵심논리를 담고
있는 사상잡지였다.[19]

하와이 체류 초기에 이승만은 오로지 개인적 열정과 신념으로『태평양잡
지』를 발간하였다. 이승만은 사장겸주필로서 매호마다 100쪽 정도로 출판된
『태평양잡지』의 거의 모든 원고를 혼자서 썼다.『태평양잡지』가 1921년 대
한인동지회 기관지가 되기 이전에 출간된 호수 중에서 현재 1913년 11월호,
1914년 1-4월호, 1914년 6월호(후반부 절반만) 등 5개월 반 분량만 남아있다.
이들 잡지에 기고한 외부인사들은 문양목, 안재홍, 김홍기 3인뿐이며 나머지
모든 원고는 이승만이 집필한 것이다.

『태평양잡지』에 기고한 외부필자들의 글은 문양목의 「동양의 평화」
(1914.1), 안재홍의 「인도인의 혁명운동①·②」(1914.3-1914.4)[20]·「대한 청
년들에게」(1914.6),[21] 김홍기의 「흑룡강 하구에 빙해한 경치」(1914.3) 등이

---

[19] 『태평양잡지』의 발간과 논조에 대해서는 오영섭, 「하와이에서 이승만의『태평양잡지』
발간활동과 독립사상」, 오영섭·홍선표 편, 『이승만과 하와이 한인사회』, 연세대 대
학출판문화원, 2012 참조.

[20] 『태평양잡지』, 1914년 4월호, 권말의 영문목차에는 "Political Unrest in India"라고 되어
있다.

[21] 이 논설은『태평양잡지』, 1914년 6월호, 제7-15쪽에 실려 있다. 그러나 현재는 1914년
6월호의 전반부가 일실되어 그 원문을 확인할 수 없다. 다만 권말의 영문목차에는
"To the Young Man of Dai Han"라고 되어 있다. 이로 미루어 원문 제목은 "대한 청년들

다. 이중 문양목과 김홍기는 미주에서 활동하던 이승만의 협력자 내지 지지자들이며, 안재홍은 원동에서 유학 중인 학생이었다. 또한 『태평양잡지』는 하와이 각지, 북미, 멕시코, 중국, 일본 등에 배포처와 지사원을 두고 있었고, 일본의 경우 최상호에 이어 '某氏'가 1914년 2월부터 지사원을 맡았는데 이 사람이 바로 안재홍으로 추정된다.22) 이를 보면 이승만의 하와이 체류 초기 시점에 이승만과 안재홍은 원동과 하와이라는 거리상 격차에도 불구하고 매우 특별하고도 친밀한 관계를 유지하고 있었던 셈이다.

안재홍이 인도인의 혁명운동 관련 논설을 『태평양잡지』에 기고한 시점은 『태평양잡지』의 논조를 둘러싸고 심한 논쟁이 벌어지던 때였다. 『태평양잡지』는 1913년 12월호에서 "일본천황께서"라는 표현을 사용하고 "일본영사관 연회에 왕참이라"라는 논설을 실었다. 이에 대해 1914년 2월 블라디보스토크에서 발간된 『권업신문』은 "한국인이 당장 배일하는 것은 전략상 불가하다"는 이승만의 주장, 『태평양잡지』가 '천황폐하' 등의 어구를 사용한 대목, 이승만이 일본 천황 생일날 하와이 일본영사관의 초청에 응한 사실 등을 조목조목 비판했다. 또한 안창호계 인사들은 『신한민보』에 서한을 보내 『태평양잡지』의 친일성을 비판하는 기사를 내보낼 것을 요구하였다. 아울러 다수인사들이 항일애국 논조가 가득한 기고문이나 항의문을 직접 태평양잡지사에 보내기도 하였다.23) 이러한 시점에 일본유학생 사회에서 영향력 있는 안재홍

에게" 혹은 "조선 청년들에게"였을 것이다.

22) 천관우, 「民世 安在鴻 年譜」, 388쪽에는 안재홍이 "『태평양잡지』의 기고자가 되고 支局 일도 맡으며, 와세대학을 졸업할 때까지 『국민보』의 원동통신원이 되었다"고 하였다. '某氏'는 『태평양잡지』를 일본으로 밀수입하여 유학생 모두에게 돌려가며 보도록 하였던 신익희일 가능성도 배제할 수 없다. 오영섭, 「상해 망명 이전의 신익희」, 오영섭·이현희·정경환, 『海公 申翼熙 硏究』, 삼화출판사, 2007, 82-83쪽.

23) 오영섭, 「하와이에서 이승만의 『태평양잡지』 발간활동과 독립사상」, 91-92쪽.

이『태평양잡지』에 연이어 기고문을 실은 것은 이승만의 언론을 통한 독립 운동을 적극 찬동하는 입장을 보인 것이나 다름없었다.

안재홍이『태평양잡지』에 기고한 논설 중에서 현재 남아있는「인도인의 혁명운동① · ②)」은 인도의 혁명운동과 독립과제를 논급한 것이다. 안재홍 은 인도에서 영국의 식민통치를 벗어나려는 혁명운동이 벌어지는 근본 이유 는 일차적으로 영국의 통치가 포학무도하여 인도인에 대해 학대를 자행하기 때문이며, 이차적으로 인도인이 영국의 통치를 받는 사이에 쉬지 않고 진보 하여 반영의 기세를 점점 성장시켰기 때문이라고 보았다.[24]

이러한 인식하에 안재홍은 인도혁명운동의 배경 내지 원인을 3가지로 꼽 았다. 첫째 경제문제이다. 인도인이 납부한 세금의 절반을 영국으로 보내고, 인도의 대영국 수출액이 영국의 대인도 수출액보다 3배나 많으며, 영국인 관리들의 급여와 영국인용 양로원 운영비를 인도인이 전액 부담하고 있다. 둘째는 영국의 국제정책이다. 영국은 국제적 권위를 유지하기 위해 프랑스, 일본, 이집트 등과 유대를 강화하고 러시아와 중국을 견제하고 인도인의 혁 명운동을 제압하면서 인도를 영구통치하려는 정책을 구사하고 있다. 셋째는 인도 혁명운동의 유래이다. 영국의 조련을 받은 인도 군인들이 봉기하여 영 국에 대항한 세포이 난은 영국이 인도인에게 군권을 맡겼기 때문이며, 1905년 이후 뱅갈지방을 비롯해 인도 각지에서 일어난 排英運動은 러일전쟁에서 러시아가 패배하자 인도인들이 독립심을 고취하여 영국에 대항했기 때문이 다.[25]

이어서 안재홍은 영국의 인도혁명운동 진무방침과 이에 대한 인도인의 대 응방안을 논하였다. 1) 총독부회 외에 제국고문회를 두어 인도 귀족이나 상

---

24) 안재홍,「인도인의 혁명운동②」,『태평양잡지』, 1914년 4월호.
25) 안재홍,「인도인의 혁명운동①」,『태평양잡지』, 1914년 3월호.

류층을 임명하고, 이들에게 행정사무를 고문하는 권리를 주어 영국정부와 인도인의 의견을 상통케 한다. 2) 입법고문회를 두어 일정 수의 인도인과 이슬람교도를 임명하여 총독과 지방관과 행정사무를 함께 논하도록 한다. 3) 예산안은 총독부회에 부쳐 세입과 세출을 의정케 하며 최후로 인도인회에 는 새로 인도인 1명과 이슬람교도 1명을 참석토록 한다. 이러한 영국의 방책 은 인도인 중 유력자를 식민통치에 가담시켜 인도인의 반영운동을 무마하려 는 것이었다. 이에 대해 인도 국민당은 사회당과 연합하여 인도에 대한 영국 의 독점적 지위를 버리고 인도인에게 자치권을 폭넓게 주어야 하며 군비예 산에 제한을 두어야 한다고 요구하였다.[26]

이상에서 안재홍은 인도인들이 혁명운동을 일으키는 이유와 인도인들이 영국에 대해 자치권의 확대를 요구한 배경이나 이유를 상세히 논급하였다. 마지막으로 논설의 말미에서 그는 "인종이 다르고 종교와 풍속과 생활의 정 도가 판이한 영국인과 인도인이 연방도 필경 허명에 지나지 못하리니 그런 고로 인도인은 불가불 최후수단으로 철혈수단에 의지하여 피와 해골로 자유 를 구하는 외에는 다른 도리가 없을 지라"라고 하여 인도인이 자유독립을 달성하기 위해서는 최종적으로 혁명적 유혈투쟁을 통해서만이 가능하다고 주장하였다.[27]

이승만의 『태평양잡지』는 창간 이래 필리핀·아일랜드·인도 등의 식민 지문제와 '내치자주' 문제를 다룬 논설을 자주 실었다. 안재홍의 논설 바로

---

26) 안재홍, 「인도인의 혁명운동②」, 『태평양잡지』, 1914년 4월호.
27) 안재홍, 「인도인의 혁명운동②」, 『태평양잡지』, 1914년 4월호. 철혈수단을 독립의 최
    후수단으로 삼아야 한다는 안재홍의 주장은 이승만도 동일하게 갖고 있었다. 이승만
    은 "한국의 독립은 한국인의 피가 아니고서는 성공할 수 없다. 이것이 바로 독립정신
    이다"는 믿음을 갖고 있었다. 유영익·송병기·이명래·오영섭, 『李承晩 東文 書翰集』
    上, 이승만-白純(1922.4.28), 연세대학교 출판부, 2009, 41쪽.

다음에 이승만의 「아일랜드의 자치운동」이 실렸을 정도로 자치문제는 1913-1914년분 『태평양잡지』의 가장 중요한 주제였다. 다수의 자치논설에서 이승만은 필리핀이 미국의 관할 하에서 자치를 통해 개명진보를 이루어 독립을 주장할 만큼 성장하고, 아일랜드가 피어린 독립운동을 통해 영국으로부터 자치권을 얻은 후 국회와 정당을 설립하여 내치를 자주적으로 수행하고, 그리고 인도가 영국으로부터 자치권을 점차 확대해나가면서 내치의 자주권을 확립하는 것을 주목하고 있었다.[28]

이승만이 약소국의 자치문제에 관심을 보인 것은 약소국들이 식민통치 하에서 자치를 통해 정치와 경제 방면의 실력을 착실히 길러 나가면 문명진보와 완전독립의 영역에 들어갈 실력을 쌓을 수 있다고 판단했기 때문이었다. 나아가 이승만은 한국이 필리핀·아일랜드·인도와 같은 방식의 자치론에 기반한 독립운동방략을 채택한다면, 언론·출판·집회·결사의 자유가 없는 강압적 식민통치를 받고있는 한국도 장래 언젠가는 완전독립을 달성할 수 있다는 굳건한 믿음을 갖고 있었다. 이러한 의도에서 이승만은 자신의 자치론에 부합하는 안재홍의 논설을 『태평양잡지』에 실어주었던 것이다.

안재홍은 「인도인의 혁명운동」은 1910년대 전반 자치론을 옹호하던 이승만의 독립사상을 은근히 지지하는 태도를 보인 순한글 논설이다. 여기에서 안재홍은 자치론에 대해 명시적으로 분명하게 찬동의사를 표명하지는 않았지만, 그 논설의 전반적인 주조는 인도인이 영국으로부터 자치를 인정받아 독립의 기반을 닦게 되었다는 점을 인정하고 있었다. 이승만이 주목한 안재홍의 「인도인의 혁명운동」에 나타난 인도의 자치문제에 대한 대목은 다음과 같았다.

28) 오영섭, 「하와이에서 이승만의 『태평양잡지』 발간활동과 독립사상」, 112-122쪽.

영국이 그 식민지와 혹 領地에 대한 대체의 방침은 자치주의라. 그런 고
로 인도에 대해서도 인도는 인도인으로 다스리라 함은 영국의 당초 방책이
라. 그러나 결과는 인도인에게 유력한 여러 가지 기회를 주었나니, 인도인의
군인·관리들은 거의 다 인도인으로 쓰고 다만 명령하고 지휘하는 장관들만
영국사람에게 맡겼던 바이라. 이 정책은 영국에게는 큰 실책이 되나니, 인도
의 불안함이 여기서 더욱 성함이로다.[29]

위 인용문은 얼핏 보면 안재홍이 인도인의 자치를 부정적으로 파악한 것
처럼 보인다. 그러나 그 내용을 자세히 음미해 보면, 안재홍은 영국이 인도에
대해 시행하고 있는 자치주의가 결국은 인도의 성장과 발전에 기회를 제공
한다는 사실을 인정하고 있었다. 특히 안재홍은 군인과 관리들을 인도인으
로 기용하여 명령·지휘 체계를 인도인에게 양도한 것을 영국의 최대 실책이
라고 보았다. 결국 여기서 인도인의 혁명운동이 시작되는 것이며, 이는 영국
의 인도 통치에 최대의 위협요인이 된다는 것이 안재홍의 주장이었다.

1910년대 전반 『태평양잡지』에 실린 이승만과 안재홍의 자치문제 인식은
1930년대에도 그대로 이어진 것으로 판단된다. 1930년대 인도의 자치권 획득
문제와 관련하여 이승만은 「인도독립」(1930.7)이란 논설에서 간디의 비폭
력·비협조 운동에 대한 인도 언론의 찬성과 영국 언론의 반대를 대비시켜
설명했다. 이어 그는 "(영국)국회에서 파송한 인도국 시찰위원장 사이몬씨가
정식으로 공포하여 인도국을 영국황제 밑에서 자치하는 정부를 세워서 캐나
다나 오스트레일리아의 일례로 대우하게 하자는 뜻을 발표하였는데, 이는
간디가 요구하는 바이라. 이것을 물론 완전독립의 첩경으로 요구하는 점이
될지라"고 하여 인도가 영국으로부터 자치정부의 권한을 획득하는 것은 캐

---

[29] 안재홍, 「인도인의 혁명운동①」, 『태평양잡지』, 1914년 3월호.

나다나 호주와 같은 대우를 받는 것이며 완전독립을 위한 첩경이라고 파악하고 있었다.[30]

1930년대 중반 안재홍은 필리핀의 자치권 획득문제와 관련하여 「新成한 비율빈국」이란 논설을 썼다. 여기서 안재홍은 '자치' '자치권' 등의 표현을 한 번도 쓰지 않았지만, 필리핀이 미국으로부터 자치권을 획득한 후 정치적·경제적 발전을 이루어 미국의 통치를 벗어나게 되었음을 중시하였다. 그는 1916년 존스법안이 미의회에서 통과되어 필리핀에 상하 양원이 설치되고 내정관리권을 필리핀인이 행사하게 되었고, 이렇게 20년이 지나자 필리핀인들이 중국·태국보다 나은 동양 제2의 대국가를 지향할 정도로 발전하게 되어 10년 이내에 완전독립을 이룩한 영세중립국을 꿈꾸게 되었다고 하였다. 결국 미국은 막대한 자금을 들여 필리핀의 근대화·부강화에 기여했지만 역으로 필리핀인의 독립의식이 성장함에 따라 필리핀에 대한 미국화정책은 실패로 돌아갔다고 하였다. 이 때문에 그는 윌슨 대통령이 주창한 민족자결원칙이 필리핀에서 그 진정한 적용을 보게 되었다고 설파하였다.[31]

요컨대 1910년대 이승만과 안재홍은 일본으로부터 자치권을 획득하여 정치와 경제 방면의 실력을 양성한 다음, 제2차 세계대전과 같은 국제적 대사건이 일어날 때 전민족이 일제히 분기하여 피로써 완전독립을 달성한다고 하는 독립운동방략을 공유하고 있었다고 판단된다. 이를 감안하면 해외에서 열강과 국제기구에 한국에 대한 구원을 요청하는 외교독립운동을 벌인 이승만과 국내에서 독립의 기반을 확보하고자 인민의 의식과 지식을 제고하는 언론·저술 활동을 벌인 안재홍은 자신들의 궁극목표를 민족독립에 두었다

---

[30] 이승만, 「인도독립」, 『태평양잡지』, 1930년 7월호, 47쪽.
[31] 안재홍, 「新成한 비율빈국① · ② · ③ · ④」, 『조선일보』(1935.6.25.-6.28); 『선집』 6, 지식산업사, 2005, 195-206쪽.

는 점에서 내외상응하는 역할을 수행했다고 평가할 수 있을 것이다.

5. 대한인동지회 국내지부 설립과 흥업구락부 결성문제

1918년 1월 윌슨 미국대통령이 의회에서 민족자결주의를 주창한 교서를 낭독하자 이승만은 세계대전 종전 후 윌슨 대통령이 이 문제를 강화회의에 제출할 것이라고 보았다. 이에 그는 국내외의 동지들에게 윌슨 대통령의 민족자결주의를 환기시키는 한편, 이 문제가 강화회의에 올려질 때 세계의 약소민족들이 모두 일어설 것이라며 한국도 지금부터 이에 호응할 준비를 갖추어야 한다고 강조하였다. 이승만은 서면과 밀사와 전신을 통해 자신의 생각을 각지에 전달함으로써 모든 동지들의 인식을 새롭게 하려 하였다.[32]

1918년 12월 이승만은 정한경과 함께 파리강화회의 한국대표로 선정되자 파리행을 위해 하와이를 떠나 미본토로 이동하였다. 이후 이승만은 1919년 1월 중순부터 뉴욕과 워싱턴을 오가며 미국정부로부터 여권을 얻고자 노력했으나 여의치 못하였다. 그러자 2월 25일 "장래 어느 시점에 한국을 분명히 독립시켜준다는 전제하에, 한국을 당분간 국제연맹의 위임통치하에 두어달라"는 문제의 위임통치청원서를 파리강화회의 의장과 윌슨대통령에게 제출하였다.[33] 이어 1919년 4월 11일 대한민국임시정부 국무총리에 선임됨으로써 임시정부와 본격적인 관계를 맺기 시작했다.

안재홍은 1915년 5월 와세다대학 정경학부를 나온 김성수가 운영하는 중

---

32) 서정주, 『우남이승만전』, 화산문화기획, 1995, 212-213쪽.
33) 이승만의 위임통치문제에 대해서는 오영섭, 「대만민국임시정부 초기 위임통치 청원 논쟁」, 『한국독립운동사연구』 41, 2012 참조.

앙학교 학감으로 초빙되어 1917년 3월까지 재직했다. 이때 그는 유근·최남
선·김두봉·최창선·이규영 등 조선광문회 인사들이 서울의 신지식층과 상
공업자들, 중앙학교 인사들, 경향 각급 학교의 교사들과 연대하여 조직한 조
선산직장려계에 가담했다가 일제에게 탄압을 당하여 학감직에서 밀려났
다.[34] 그는 1916년 12월 조선중앙기독교청년회(서울YMCA) 교육부 간사에 임
명되어 이듬해 5월까지 근무하고 사직했다.

　1917년 여름경 낙향하여 지내던 안재홍은 3·1운동 발발 전 조소앙·이승
만·박용만 등이 강화회의와 국제회의에 참석한다는 소식을 들었고, 3·1운
동 발발 후 신익희·정노식 등과 자주 왕래하며 연락을 취하고 있었다.[35]
그러나 그는 평택지역의 만세시위운동을 직접 목도하면서도 여기에 가담하
지는 않았다. 그러다가 서울YMCA에서 사제의 인연을 맺은 연병호의 제의에
따라 1919년 7월경 대한민국청년외교단(이하 청년외교단으로 줄임)에 가입
하여 총무를 맡아 활동하였다.

　그런데 연병호가 창립하고 안재홍과 이병철이 총무를 맡은 청년외교단은
기독교민족주의 청년들이 주도한 단체였다. 이 단체에 대해 일제는 "이병
철·안재홍·연병호·송세호·조용주 등은 국제연맹회의에 특파원을 파견
하여 한국독립운동에 대해 열강이 원조·승인을 하도록 진력해 볼 필요가
있다 하여 건의서를 상해임시정부에 제출하기로 협의하고 안재홍이 주필이
되어 6개조에 이르는 건의서를 작성했다. 그리하여 1919년 8월 안재홍·이병
철 명의로 대한민국임시정부 국무총리 이승만 앞으로 건의서를 작성하여 상

---

[34] 오영섭, 「3·1운동과 조선광문회」, 3·1운동100주년기념학술대회("기미독립선언서와
　　조선광문회") 발표논문, 2019.2.
[35] 김인식, 「안재홍의 1919년-대한민국청년외교당에 참여하는 과정과 활동상」, 『대한민
　　국청년외교단, 애국부인회 참여인물 연구』, 선인, 1919, 24-25쪽.

해임시정부 통신원 이종욱으로 하여금 이를 휴대케 하여 보냈고, 같은 해 9월 8일 국무총리 안창호로부터 건의를 기꺼이 받아들인다는 서한을 받았다"고 하였다.[36) 이를 보면 청년외교단은 임시정부 국무총리 이승만에게 보내기 위해 건의서를 작성했음을 알 수 있다.

　청년외교단이 임시정부 국무총리 이승만에게 보낸 건의서에는 다음과 같은 조항이 담겨있었다. 열국 정부에 외교관을 특파하여 국가의 독립을 정식 요구할 것, 내외의 책응을 긴밀하고 전일케 하기 위해 임시정부에서 인원을 파견하여 국내 각 단체 및 종파의 대표자와 협의 후 서울에 交通本部를 설치하여 중추기관을 삼도록 할 것, 趙鏞殷에게 신임장을 주어 국제연맹회의에서 외교활동을 담당토록 할 것. 이러한 건의서의 조항들을 한마디로 정리하면 이승만이 수장을 맡은 임시정부를 중심으로 국내외 독립운동세력을 결집시킴과 동시에 열국에 임시정부의 수립을 선포하고 한국독립을 호소하자는 것이었다.

　청년외교단이 임시정부의 적극적인 외교활동을 촉구하고 임시정부의 독립단체로서의 대표성 강화조치를 주문한 것은, 결과적으로 임시정부 최고책임자인 이승만의 독립운동을 옹호하고 지지하는 의미를 담고 있었다. 청년외교단이 단체명을 이승만의 전매특허와도 같은 외교독립을 강조하는 외교단으로 정했다는 사실, 청년외교단 단원들이 대부분 이승만에게 우호적인 기독교민족주의자들이었다는 사실, 청년외교단의 주축인사인 연병호와 안재홍이 이승만과 긴밀한 사이였다는 사실, 청년외교단의 건의서는 이승만에게 보내기 위해 만들었다는 사실 등을 두루 감안할 때, 외교독립활동의 중요성을 강조한 청년외교단은 넓은 의미에서 이승만의 외교독립운동을 옹위하

---

36) 류시중·박병원·김희곤 역주, 『(국역)고등경찰요사』, 선인, 2010, 354쪽.

는 외부 지원단체의 성격을 보였다고 평할 수 있을 것이다.[37]

　청년외교단은 1919년 10월경 중국지폐위조사건이 발각됨으로써 그 실체
가 노출되었다. 안재홍은 청년외교단 단원들이 속속 검거되는 와중에 1919년
11월 27일 경상북도 경무국에 검거되어 3년형을 선고받았다.[38] 이후 안재홍
은 청년외교단을 통해 임시정부 대통령 이승만을 원거리에서 간접적으로 지
원하던 역할을 접고 독립운동의 일선에서 잠시 물러나야만 했다. 그러다가
1922년 6월 9일 출옥한 안재홍은 몇 개월 요양기간을 거쳐 1924년 1월 연정회
조직 협의에 참여하면서부터 민족운동을 재개하였다.

　이승만은 1919년 9월 6일 임시정부 대통령에 선출되었다. 이후 그는 1920년
12월 5일부터 이듬해 5월 29일까지 약 6개월간 임시정부 소재지인 상해에
체류한 것을 제외하면, 나머지 모든 기간을 미국에서 구미위원부를 중심으로
미국정부와 국제기구를 상대로 외교독립운동을 벌였다. 이때 이승만은 한편
으로 임시정부의 유지-개조·창조 문제를 둘러싸고 상해의 반이승만-반임정
세력과 심한 갈등을 보였고, 다른 한편으로 미주와 원동에 지지세력이나 지
지단체를 부식하기 위해 심혈을 기울였다. 특히 후자와 관련하여 이승만은
자신의 근거지인 하와이에 1921년 7월 대한인동지회를 창설하고 1922년 3월
대한인교민단을 조직하였다.

　이승만은 자신의 친위조직인 동지회를 미본토 전역은 물론, 한국을 비롯

---

37) 1919년 9월 배재학당 교사 金瑗根, 이승만의 도미 후원자 金嘉鎭, 이승만 협력자 이상
　재 등이 '國民團體' 명의로 이승만에게 장문의 항일서한을 보내 서한내용을 번역하여
　세계에 공포하고 이를 미국대통령에게도 올려달라고 당부하였다. 이 서한 발송 건은
　이승만의 독립운동을 한국민이 지지하고 옹호하고 있다는 것을 미국정부와 각국에
　알리기 위한 행사였다. 『우남이승만문서 東文篇 5: 3·1운동 관련문서1』, 〈國民團體
　公牒: 이승만대통령각하〉(1919.11.1), 연세대 현대한국학연구소, 1998, 533-534쪽.
38) 김인식, 「안재홍의 1919년-대한민국청년외교당에 참여하는 과정과 활동상」, 59-61쪽.

한 원동 각지에도 설립하려 하였다. 이를 위해 영국 런던에서 열린 세계기독 교학생대회에 참가하고 제네바를 거쳐 미국으로 건너간 국내 측근 신흥우를 1924년 10월 25일 하와이 호놀룰루에서 만났다. 이 자리에서 이승만은 "미국 에서는 조선독립을 위해 동지회를 조직하여 활동 중인데, 동지회와 같은 목 적을 지닌 단체를 조직하여 흥사단을 견제하고 조국광복을 위해 힘써 달라" 는 부탁과 함께 동지회의 3대 강령, 4대 진행방침이 담긴 인쇄물을 주었다. 이에 신흥우는 국내 동지들과 상의해 조선의 정세에 적당한 단체의 결성에 나서고 동지회 본부와도 연락해 조선 독립을 위해 노력할 것을 약속하였 다.[39]

1924년 12월 5일 귀국한 신흥우는 11월 10일 종로 서울YMCA 사무실에서 이상재·구자옥을 만나 이승만과의 면담 사실, 및 동지회의 연장단체의 국내 결성문제를 협의한 결과 전폭적인 동의를 얻어냈다. 이상재는 이승만의 최 대 후원자였기 때문에 당연한 결과였다. 11월 20일경 구자옥집에서 신흥우· 유억겸·이갑성·박동완·안재홍 등 6명이 제2차 준비회를 비밀리에 개최하 고, 동지회의 국내 연장단체 조직문제를 협의하고 조직준비위원회를 개최할 것을 결의하였다.[40]

12월 15일 서울YMCA 사무실에서 이상재·신흥우·유억겸·윤치호·안재 홍·유성준 등 12인이 모여 이상재의 사회로 조직준비위원회를 열었다. 이때 신흥우는 이승만이 요청한 동지회와 연대한 독립단체의 조직, 안창호의 흥사 단과 대립되는 기호파 조직의 결성, 기독교 사회문화단체 중심의 실력양성운 동의 전개 등의 사안을 전달하였다. 이에 참석자들은 이승만의 부탁을 받아 들여 동지회의 3대 강령, 4대 진행방침을 따르기로 결정했다.[41]

---

39) 조선총독부 경무국 편, 『最近における朝鮮の治安狀況』, 1938, 380-381쪽.
40) 정병준, 『우남이승만연구』, 역사비평사, 2005, 343-344쪽.

1925년 3월 23일 신흥우집에서 이상재 · 윤치호 · 신흥우 · 오화영 · 이갑성 · 유억겸 · 구자옥 · 박동완 · 유성준 · 장두현 등 10인이 모여 흥업구락부 창립총회를 개최하였다. 이때 안재홍과 홍종숙은 사고로 불참하였으나 창립 총회원으로 인정을 받았다. 이들은 동지회와 같이 조선인의 경제적 방면의 실력을 양성하고 시기를 보아 내외호응하여 혁명을 일으킬 것을 표방한 9개 조의 규약을 정하였다. 이때의 창립회의에서 이상재는 흥업구락부 회장에 해당하는 부장을 맡았고, 안재홍은 창립회원이 되었다.[42] 이처럼 안재홍은 흥업구락부의 준비단계부터 결성단계에 이르기까지 적극적으로 참여하여 이승만의 국내 지지세력 부식활동을 적극 후원하였다.

흥업구락부 결성 후 보름이 지난 시점인 1925년 4월 7일 이승만은 안재홍에게 편지를 보냈다. 이 편지는 이승만과 안재홍이 주고받은 편지 중에서 현재까지 남아있는 유일한 편지이다.

　　저번의 서신은 진작 받아보셨으리라 믿습니다. 이렇듯 천신만간(千辛萬艱) 중에 처하여 조석으로 나라를 위해 노고하시는데 혹 몸이 불편하지는 않으신지요? 이처럼 자유롭고 안락한 곳에 있으면서도 마음이 쓰이며 정신이 달려가지 않을 때가 없습니다.

　　우리 동지회(同志會)의 결성에 대해서는 이미 저번 서신에서 대략 말씀드렸습니다. 해외 각지의 동포들이 몇몇 사람을 제외하고는 모두가 충심으로 환영하고 있습니다. 바야흐로 합자(合資)하여 회사를 설립하고 다 함께 물산(物産)을 장려하여 소기의 성과를 거두기를 도모하고 있습니다. 이는 바로 경제와 정치의 양면을 병행하여 착오가 없게 하려는 방책인 것입니다.

---

41) 정병준, 『우남이승만연구』, 344쪽.
42) 김권정, 「1920-30년대 이승만과 국내 기독교세력의 유대활동」, 오영섭 · 홍선표 편, 『이승만과 하와이 한인사회』, 281-284쪽.

모름지기 내지의 각 지방에도 동지회를 분설(分設)하여 점차 확장해 나간다면 대업의 성취가 영향을 받아 빨라질 것입니다. 특별히 한번 도모해 보시는 것이 어떻겠습니까?

　　강녕하시기를 문안드립니다.

7년 4월 7일 이승만 돈수(頓首)[43]

이 편지에 의하면, 이승만은 1925년 4월 7일 이전 어느 시점에 안재홍에게 편지를 보내 동지회의 결성 사실을 상세히 통지하였고, 정치와 식산 두 방면의 독립을 이루려는 동지회의 설립취지를 해외 각지에 통보하여 상당한 지지를 얻었으며, 국내에서 결성된 흥업구락부를 하와이에서 설립된 동지회의 지부라고 인식하고 있었고, 향후 동지회의 지회를 서울뿐 아니라 지방 각지에 분설한다면 독립의 달성이 촉진될 것이라고 주장하며 안재홍에게 동지회 지회가 분설될 수 있도록 힘써줄 것을 당부하고 있었다.

그런데 주목할 사실은 이승만이 안재홍에게 보낸 편지와 동일한 내용이 담겨있는 편지를 1925년 4월 7일 이상재에게도 보냈다는 사실이다. 이 편지에서 이승만은 내지 각처에 동지회를 분설하고 내외에서 이에 협력한다면 경제와 정치 양 방면에서 큰 성과가 있을 것이라며 향후 동지회 지회가 많이 분설되기를 기대하고 있었다.[44] 이처럼 동지회 지회를 지방에 분설하는 문제와 관련하여 이승만이 이상재와 안재홍에게만 특별히 편지를 보내 당부한 것은 이승만이 흥업구락부의 다른 인사들보다 이 두 사람과 관계가 각별하였기 때문일 것이다.

43) 유영익·송병기·이명래·오영섭,『李承晩 東文 書翰集』上, 이승만-〉 안재홍(1925.4.7), 66-67쪽.
44)『李承晩 東文 書翰集』上, 이승만-〉 이상재(1925.4.7), 119-120쪽.

홍업구락부 결성 후 안재홍은 홍업구락부의 다른 회원들과 함께 이승만과 연결된 비밀조직이라는 평가를 받는 태평양문제연구회 조선지회와 조선사정조사연구회에 가담하여 활동함으로써 이승만의 독립운동을 국내에서 지원하였다. 안재홍은 1925년 11월 28일 오후 4시 종로 서울YMCA회관에서 열린 태평양문제연구회 조선지회 창립모임에 창립회원으로 참석했고, 신홍우·윤치호 등과 함께 7인위원회에 뽑혀 회의규칙을 제정하는 등 적극적으로 활동했다. 아울러 안재홍은 같은 날 같은 장소에서 오후 6시에 열린 조선사정조사연구회라는 학술단체의 출범에 참여했는데, 이 단체는 공산주의를 반대하고 민족정신의 보존을 위해 노력하는 민족주의적 연구단체였다.45)

안재홍은 1925년 1월부터 조선일보사의 주필을 맡고 있었는데, 1927년 1월 22일자 『조선일보』에는 3단짜리 박스 기사로 이승만이 주관하는 구미위원부의 독립활동을 소개하는 깜짝 놀랄만한 기사가 실렸다. 이 기사는 아마도 주필 안재홍의 특별 주선에 의해 실린 것으로 보인다.

최근 모처에 도착한 정보에 의하면, 미국에 있는 구미위원부에서는 그동안 많은 활동을 계속해 오더니, 근래에 와서는 모든 준비가 정돈되고 사업성적이 양호한데다가 다시 여러 가지 사업을 기안하야 실행키로 되었다는데, 그 기안된 사업은 구미위원부 자체에 관한 것과 ○○운동 전체에 관한 사건과 기타 연구 필요 사건인바, 자체에 관한 사건으로는 (1) 관사(官舍)를 매입할 것, (2) 중지되었던 영문잡지를 속간할 것, (3) 워싱턴에 한인촌(韓人村)을 건설하고 학생근거지를 설치할 것 등이라 하며, 또 ○○운동에 관한 것으로는 (1) 역사 재료를 수집할 것, (2) ○○기금을 적립할 것, (3) 희생자들과 그 유족을 구제할 것 등이라 하며, 그다음 연구 필요 사건으로는 (1) 조선

45) 고정휴, 「태평양연구회 조선지회와 조선사정연구회」, 『역사와 현실』 6, 1991, 306쪽.

내지와 운동 교통의 기관을 확장할 것, (2) 국제연맹 본부가 있는 스위스에
외교대표를 파견할 것, (3) 남미에 이민운동을 할 것 등이라 하며, 더욱이
그러한 여러 가지 사업을 실행함에는 실력을 표준하야 착착 진행되는 중이
라더라.46)

위 기사는 미국 워싱턴에 본부를 두고 있는 구미위원부가 구상하고 있던
여러 가지 독립운동의 방안들을 상세히 보도하고 있다. 이는 한국의 언론이
이승만의 외교독립운동을 소개한 것으로는 특기할 만한 사례였다. 아울러
이 기사가 『조선일보』 지면을 통해 보도되는 과정에서 이승만 세력과 안재
홍 간에 내밀한 교류가 있었음을 짐작할 수 있다. 아마도 이 기사는 안재홍과
태평양을 사이에 두고 서신을 주고받던 이승만의 측근 김현구가 제공한 것
으로 보인다. 다시 김현구는 신간회 출범 전후 시점에 『조선일보』와 『월간조
선』에 때때로 투고를 하고 있었다.47) 달리 말하면 이것은 김현구를 사이에
두고 이승만과 안재홍이 연락을 주고받은 셈이다.

1927년 2월 15일 민족주의진영과 사회주의진영이 민족유일당운동의 결과
로서 신간회가 조직되었다. 신간회 창립 다음날 이승만의 측근인 김현구가
이승만에게 편지를 보내 신간회에 참여한 흥업구락부계 인사들을 '我方同志
人士'라고 표현하며 김현구 개인 명의로 안재홍에게 축하편지를 보냈다고
하였다. 또한 2월 22일 김현구는 신간회가 아마도 동지회의 '內地幻體'인 것
같다며 안재홍이 가담한 신간회에 대한 기대를 표명하기도 하였다.48)

김현구 편지에 대한 답장에서 안재홍은 이승만과 동지회에 대해 지극한

46) 『조선일보』, 1927년 1월 22일자.
47) 『李承晩 東文 書翰集』 中, 김현구-〉 이승만(1927.2.28., 3.26), 81, 93-94쪽.
48) 『李承晩 東文 書翰集』 中, 김현구-〉 이승만(1927.2.16., 2.22), 68, 73쪽.

호감을 표시한 다음, 유억겸·백관수·김도연 씨에게 들은 바가 있다면서 이
승만이 자신을 위해 여러모로 힘써준 것에 대해 무한한 감사를 드린다고 하
였다.[49] 아울러 안재홍은 김현구에게 신간회의 진행상황을 상세히 기록한
편지를 보내기도 하였고, 조선에서 이광수가 지역차별 문제를 제기한 이래
인심이 선동하여 당파싸움이 그치지 않고 있다는 소식을 전하기도 하였
다.[50] 이에 김현구는 개인 자격으로 미주에 있는 대리인과 워싱턴에 있는
통신원을 조선일보사에 천거했는데, 이는 한국-미국 간의 연락문제가 미주
의 이승만 세력에게 최급무였기 때문이었다.[51] 그러나 1928년 1월 이후 일제
의 탄압으로 안재홍이 1월과 5월에 투옥되는 사태가 일어나면서 이승만 세력
과 안재홍 간의 서신연락은 중단되고 말았다.

6. 맺음말

이승만과 안재홍은 일제강점 전반기에 협력관계를 유지하면서 한국의 자
강기반 구축과 독립을 위해 노력하였다. 이때 태평양이라는 지리적 장벽을
사이에 두고 있던 두 사람을 하나로 단단히 묶어준 것은 기독교민족주의,
서울YMCA와 민족운동가 이상재와의 각별한 인연, 그리고 한국의 독립문제
였다. 이러한 공통점을 바탕으로 양인은 당대 한국 지도자들에게 부과된 시
대적 과제인 조국의 독립과 건국을 이루기 위해 분투하였다.

이승만과 안재홍은 1910년대 초반 서울YMCA에서 혹은 일본 동경에서 처

---

[49] 『李承晩 東文 書翰集』 中, 김현구-〉 이승만(1927.9.20), 168쪽.
[50] 『李承晩 東文 書翰集』 中, 김현구-〉 이승만(1927.11.26. 12.31), 189, 212쪽.
[51] 『李承晩 東文 書翰集』 中, 김현구-〉 이승만(1928.1.3), 213-214쪽.

음 만난 이래 1920년대 후반까지 독립운동을 함께 하였다. 이때 이승만은 미국에서 미국정부와 국제기구를 상대로 일본의 한국침략과 야만적인 식민통치를 고발하고 한국의 독립을 청원하는 외교독립운동을 벌였다. 안재홍은 국내에서 일제에게 9차례나 투옥당하는 고초를 겪으면서도 외국으로 망명하지 않고 한국민과 고락을 함께하며 줄기차게 언론·저술·단체 활동을 벌였다. 양인의 독립운동 방략은 일견 상이한 것처럼 보이지만, 그러나 그러한 활동들이 한국독립의 기반을 마련하기 위한 것이라는 점에서 양인의 궁극적인 목표는 같았다. 바로 여기에 두 사람이 굳게 협력할 수 있는 접점이 형성되었다.

이승만과 안재홍은 도쿄에서 민족의 장래를 고민하던 경험을 간직하며 독립운동을 함께 벌여나갔다. 1910년대 전반 이승만은 하와이에 간행한 순한글 월간지 『태평양잡지』의 '친일논조'로 인해 원동과 미주 인사들로부터 거센 비난을 받고 있었다. 이런 시기에 안재홍은 독립운동계의 이러한 분위기를 무시하고 이승만의 자치론을 지지하는 논설을 『태평양잡지』에 기고하였다. 또한 안재홍은 3·1만세운동 후 서울에서 조직된 대한민국청년외교단의 총무로서 대한민국임시정부 국무총리 이승만에게 보내는 건의서를 작성했는데, 이는 이승만의 외교독립운동을 원거리에서 지원하는 것이었다. 1925년 이후 이승만이 국내에 지지 세력을 부식하려 애쓸 때 안재홍은 이상재와 함께 흥업구락부의 결성에 주도적으로 가담하여 이승만의 독립운동을 도왔다. 또한 조선일보사 주필로서 이승만이 운영하는 구미위원부의 독립활동을 『조선일보』 지면에 간명하고 인상 깊게 보도해주기도 하였다. 이처럼 이승만과 안재홍은 독립대의의 실현을 위해 협력관계를 유지하였다.

6·25전쟁 때 납북된 안재홍의 서거 소식이 전해지자 그와 죽마고우였던 장택상이 애도문을 남겼다. "그만한 애국자도 우리나라에는 없다. 민세(民

世)는 왜정 때 크고 작은 항일운동에는 빠짐없이 끼어 옥고를 치루고, 일생을 민족과 국가를 위해 바친 애국자였다. … 민세는 이승만 박사와 같이 극우는 아니더라도 절대적인 우익(右翼)이었다."[52] 이는 극우성향의 반공주의자로 분류되는 이승만과 중간우파 정치인으로 평가받는 안재홍의 정치사상의 차이를 극명하게 보여주는 대목이다. 이로 인해 두 사람은 미군정기에 서로 다른 건국행보를 밟았지만, 그러나 이러한 차이는 민족의 독립이 우선 과제였던 일제강점기에는 별문제가 되지 않았다.

　대한민국 정부수립 후 안재홍은 이승만의 대한민국 통치방침에 대해 비판적 지지를 보냈다. 그는 이승만의 대정방침인 ① 민주주의 자유민권의 옹호와 독재전제의 배격, ② 노동자 농민 등 근로대중의 복리의 보장, ③ 독립주권이 침해되지 않는 한도 내에서의 우호국의 경제적 지원의 수납, ④ 자유민권을 벗어난 반란의 금단 등에 대해 급진적인 청년들이 불만을 나타내기는 하지만, 그러나 이러한 방침들의 시대적인 타당성을 인정할 수 있다는 탄력적인 입장을 보였다. 아울러 안재홍은 이승만이 이러한 대정방침을 엄숙히 실천하기를 기원하였다.

---

[52] 『경향신문』, 사회면, 「돌아오지 않는 얼굴-안재홍씨 訃報와 납북인사 유족」, 1965년 3월 2일.

1920년대 안재홍의 기행수필 연구

방유미 (경희대학교 국제한국언어문화학과 박사과정 수료)

1920년대 안재홍의 기행수필 연구

방유미 (경희대학교 국제한국언어문화학과 박사과정 수료)

1. 들어가며

1920년대는 일본 시찰을 비롯해 백두산, 금강산과 같은 조선 명승지 기행 등 관광과 여행이 본격적으로 시작된 시기이다. 관광 문화로서의 기행은 교통 환경과 인쇄 매체의 발달로 인해 가능해진 것이다. 자동차, 기차, 선박 등 교통수단의 발달은 보행 수준을 확장해 먼 곳까지의 이동을 가능하게 했으며, 신문이나 잡지 등의 발간·보급은 새로운 영역으로 관심을 가질 수 있게 만들었기 때문이다. 신문이라는 실제적 도구는 모두가 읽고 공유할 수 있도록 하는 특별한 '쓰기'를 발생시켰다. 이 당시 대표적 기행수필로 알려진 이광수의 『금강산 유기』(1922), 『충무공유적순례』(1931), 최남선의 『금강예찬』(1926), 『심춘순례』(1926), 『백두산 근참기』(1926), 안재홍의 『백두산 등척기』(1930) 등은 이러한 환경에서 창작되었다. 이들은 식민지 조선의 국토를 '발견'했으며 적극적으로 여행에 나서 기행수필을 남겼는데, 기행수필이나 순례의 형식뿐만 아니라 근참기나 등척기처럼 '기(記)'의 형식을 통해 당시 조선의 곳곳을 글로 기록했다.

그런데 그동안 1920년대 기행수필과 관련된 연구는 최남선이나 이광수의 글에 집중되어 왔다.[1] 이는 당시 기행수필에 담겨 있던 조선인들의 근대 의식을 부분적으로밖에 다루지 못했다는 한계를 지닌다. 최남선과 이광수가 기행문에서 "공간 정치의 이데올로기"[2]를 드러내고 있는 것과 달리 안재홍[3]은 기행문을 통해 "민족 좌파"[4], "비타협적 민족주의자"[5]적 시각을 바탕으로[6] 조선의 현재를 '발견', 서술하고 있다는 점에서 이들과의 차이를 엿볼

------

1) 구인모, 「국토순례와 민족의 자기구성 - 근대 국토기행문의 문학사적 의의」, 『한국문학연구』 27, 동국대학교 한국문학연구소, 2004; 구춘모, 「최남선의 기행문에 나타난 경관 인식과 민족 정체성의 관계」, 한국교원대학교 교육대학원 석사학위논문, 2016; 김미영, 「이광수의 「금강산유기」와 「민족개조론」의 관련성」, 『한국문화』 70, 서울대학교 규장각한국학연구원, 2015; 김현주, 「근대 초기 기행문의 전개 양상과 문학적 기행문의 '기원' - 국토 기행을 중심으로」, 『현대문학의 연구』 16, 2001; 서영채, 「최남선과 이광수의 금강산 기행문에 대하여」, 『민족문학사연구』 24, 민족문학사학회, 2004; 심원섭, 「일본제 조선기행문」과 이광수의 「오도답파여행」, 『현대문학의 연구』 52, 한국문학연구학회, 2014; 윤영실, 「'경험'적 글쓰기를 통한 '지식'의 균열과 식민지 근대성의 풍경 - 최남선의 지리담론과 『소년』지 기행문을 중심으로」, 『현대소설연구』 38, 2008; 이준식, 「일제 강점기 친일 지식인의 현실 인식 - 이광수의 경우」, 『역사와 현실』 37, 한국역사연구회, 2000.
2) 홍순애, 「이광수 기행문의 국토여행의 논리와 공간 정치의 이데올로기」, 『국어국문학』 170, 국어국문학회, 2015, 485면.
3) 안재홍(1891~1965)은 일제 강점기 국내항일운동을 이끈 민족운동가·언론인·역사학자로서, 해방 후에는 정치가·정치사상가로서 각 분야마다 굵직한 자리를 차지한 "고절(高節)의 국사(國士)"로 불린다. 안재홍은 신문을 중심으로 활동했기 때문에 직접 남긴 글의 양이 매우 많으며, 글의 내용 역시 정치, 역사, 문화, 사상 등 다양한 방면을 다루고 있다. 본고에서는 안재홍의 다양한 분야의 글 중에서도 기행수필에 주목함으로써 그의 문학적 글쓰기를 중심으로 살펴보았다.
4) 최강민, 「1920년대 민족 우파와 민족 좌파가 표출한 조선의 민족성 - 이광수, 최남선, 안재홍을 중심으로-」, 『한국어와 문화』 10, 숙명여자대학교 한국어문화연구소, 2011, 97면.
5) 김명구, 「1920년대 부르주아 민족운동 좌파 계열의 민족운동론 - 안재홍을 중심으로」, 『한국사학보』 12, 고려사학회, 2002, 175면.

수 있다. 안재홍의 기행수필은 최남선이나 이광수의 기행수필이 식민 정책에 대한 타협적 자세를 취하고 있었던 것과는 다른 내용을 담고 있기에 최남선, 이광수와 안재홍의 기행수필을 비교해 보려고 한다. 당대 최고의 문인으로 불린 이광수, 최남선과 함께 안재홍의 1920년대 기행수필들 또한 이 시기 신문에 연재된 기행수필로써 충분히 주목할 만한 가치를 지니기 때문이다.

안재홍의 기행수필을 살펴보기에 앞서 1910년대부터 1930년대까지 각 시기별 기행수필의 특징을 간략하게 살펴보고 이어 최남선, 이광수의 글에 담긴 특징을 안재홍의 글과 비교해 보려고 한다. 안재홍의 1920년대 기행수필은 체험적 글쓰기를 통한 실제적 기행수필로써 근대 시기 여행지로서의 식민지 조선을 발견하는 계기로 볼 수 있다. 그렇기에 안재홍의 기행수필을 분석한다는 것은 식민지 조선을 살아가던 지식인인 안재홍이 무엇을 보고 느꼈는지, 혹은 무엇을 전달하고 싶어 했는지를 살펴볼 수 있는 기회가 될 뿐만 아니라 안재홍에 관해 한층 더 종합적으로 이해하는 데에 도움을 줄 것이다. 따라서 안재홍의 1920년대 기행수필까지 포함된 논의야말로 1920년대 기행수필의 전체적인 인식을 교정할 수 있는 시도이다. 본고에서는 1920년대 안재홍의 기행수필에 관한 논의를 통해서 기존에 전개되어 왔던 1920년대 관념적 기행수필의 문제점들을 제기하면서 1920년대 기행수필의 다양한

---

6) "1920년대 중반에 민족주의 세력 내부에 분열이 생겼는데, 일제에 타협적인 세력을 '민족주의 우파', 비타협적인 세력을 '민족주의 좌파'라고 불렀다. 전자는 자치운동에 찬성하며, 대자본가 중심의 자본주의를 지향한 반면에 후자는 자치론에 반대하여 소상품생산자 중심의 자본주의를 지향했다. 또한 사회주의에 대해 전자가 극히 부정적인 것으로만 간주한 반면에 후자는 그 불가피성을 인정하면서도 계급주의 우선으로 흐르는 것을 비판했다. 흔히 민족주의 우파를 '타협적 민족주의' 또는 '민족개량주의'라고도 불렀고, 민족주의 좌파를 '비타협적 민족주의'라고도 불렀다."(박용규, 「1920년대 중반(1924~1927)의 신문과 민족운동: 민족주의 좌파의 활동을 중심으로」, 『한국지역언론학회』 9권 제4호, 언론과학연구, 2009, 279면).

면모를 확인해 보고자 한다.

2. 일제강점기 '관광'과 식민정책의 호응 관계

식민지 시기 관광은 식민지 지배 정책을 위한 수단으로 작용했다고 볼 수 있는데[7], 1920년대가 갖는 특징을 살펴보기 위해서 1910년과 1930년대의 특징을 살펴보려고 한다.

먼저 일제강점기 초기였던 1910년대의 기행은 두 가지 특징을 보인다. 개인의 기행 체험이 본격적으로 등장하기 시작했다는 점과 여행지로는 국내를 비롯해 중국과 일본이 대상으로 손꼽혔다는 점이다. 중국과 일본이 장기 연재 기행의 대상인 된 데는 이 시기 기행 담론이 식민 상황과 밀접한 관련을 맺고 있었기 때문으로 알려져 있다. 일제강점기 초기의 시찰 문화는 조선 귀족, 유림, 종교 단체 등의 지도자를 중심으로 일본의 산업화 실태를 시찰하여 식민 지배를 수용하게 하는 데 목적이 있었고, 1917년을 전후하여 일본의 만주 침략 이데올로기가 본격화되면서 만주 시찰과 관련된 기행수필은 대부분 일본에 의해 발전된 만주의 실태를 보고(報告)하거나 '만선사관(滿鮮史觀)'을 반영하는 기행수필로 나타났다.[8]

일본은 1919년 3·1운동 이후 문화통치로 식민지 지배방식을 전환했는데,

7) 본고에서는 식민지 시기 관광이 일본의 식민지 지배 정책을 위한 수단과 연결되어 있다고 본 조성운의 논문을 참고하여 논의를 전개하였다(조성운, 「"여행의 발견, 타자의 표상"; 일제하 조선총독부의 관광정책」, 『동아시아 문화연구』 46, 한양대학교 동아시아문화연구소, 2009, 7~45면).
8) 김경남a, 「1910년대 기행 담론과 기행문의 성격」, 『인문과학연구』 37, 강원대학교 인문과학연구소, 2013, 89~91면 참조.

이는 관광정책에도 영향을 미쳤다. 조선인에 대한 지배방식을 회유와 포섭으로 바꾸면서 일본인과의 상호 이해를 통한 동화를 추구하기 시작한 것이다. 조선총독부는 일본 국내에 조선총독부가 식민지 지배를 행한 정책과 성과를 보여줄 필요가 있었으며, 조선인에게도 식민지 지배가 조선의 근대적인 발전을 가능하게 했다는 사실을 보여주어야 했다.[9]

이러한 관광정책의 변화에 따라 1920년대의 기행수필은 1910년대의 기행 자료에 비해 훨씬 다양한 양상을 보인다. 여기에 더해 최재학의 『실지응용작문법』(1909)이나 이각종의 『실용작문법』(1911)에서 '기(記)'의 한 종류로 '유기(遊記)' 쓰는 법을 제시하는 등 1910년대에 기행 관련 글쓰기 문화가 퍼져나가기 시작하면서 1920년대에는 더욱 다양한 형태의 기행 자료들이 등장한 배경이 되었다. 이와 관련해 1920년대의 기행수필들은 관제화된 유람 문화나 관념적 계몽성을 탈피하여 시대적·사회적 상황을 있는 그대로 재현해 낸 것들이 많은 점이 특징이었다.[10]

1920년대의 기행수필은 경성역의 완공을 기점으로 하여 이전과는 질적으로 다른 양상을 보인다. 1925년 9월 30일에 경성역이 세워지고 철도와 선박의 발달로 인해 노동이 아닌 여가를 즐기려는 사람들의 인식이 점차 확산되기 시작했다. 관광 여행, 레저로서의 바캉스나 꽃놀이, 소풍 등이 유행하게 된 것은 물론이고 해변이나 온천, 명산 등이 여행지로 개발되기 시작했다.[11] 이렇게 파생된 기행과 기행수필은 근대 조선을 '발견'하게 했을 뿐만 아니라

[9] 조성운, 앞의 논문, 21면.
[10] 김경남b, 「1920년대 전반기 「동아일보」 소재 기행 담론과 기행문 연구」, 『韓民族語文學』 63, 한민족어문학회, 2013, 254~257면.
[11] 홍영택, 「문화관광의 시공간적 확산이 근대적 여가에 미친 영향 연구 - 한·일간 비교를 중심으로」, 『한국사진지리학회지』 24권 제1호, 한국사진지리학회, 2014, 85~91면 참조.

근대적 시각의 형성과 이로 인한 내면 또한 발견하게 했다. 기행지를 답사하는 자들이 '발견'한 근대 조선의 모습은 신문에 연재되는 기행수필을 통해 독자들에게 전달되었는데, 다른 지역에 관한 소개와 안내를 겸한 기행수필은 그 자체로 즐길 거리이자 일종의 학습자료가 되었다. 신문은 여행, 기행, 순례 등을 다녀온 자들의 견문과 감상을 소개함과 동시에 적극 지원하는 역할로 기능했다. 기차나 선박, 숙박업소의 요금, 자동차로 이동했을 때 드는 비용, 이동시간과 거리 등에 관한 정보를 구체적인 수치로 제공함으로써 독자들로 하여금 여행에 관한 계획을 세울 수 있게 했기 때문이다.

1920년대에는 조선을 '발견'하려는 지식인들의 시도와 '발견된' 조선을 공유하려는 독자의 호기심이 맞물려 기행수필의 인기는 나날이 높아졌고, 1920년대 『동아일보』에 연재된 기행수필만 해도 85종 500회에 달했다.[12] 이렇게 양적·질적인 변화와 함께 근대적 기행수필은 1920년대부터 새로운 글쓰기 장르로 정착되었던 것이다. 1920년대 기행수필에는 일제강점기 식민정책과 관광의 긴밀한 호응관계를 보여주는 글쓰기에서부터 식민 정책에 대한 비판과 조선 민중들에 관한 분석적인 글쓰기에까지 이르는 다채로운 면모의 기행수필이 발표되었다.

1930년대에는 일제의 국제적 팽창이 가속화되는 시기였다. 관 주도의 문화재 보호 정책과, 일제 관학 및 조선사편수회 등의 식민주의적 조선 연구를 정치적으로 강화하고, 이 성과를 관광정책과 접목시키고자 했다. 각종 보승회(保勝會)의 조직, 조선총독부와 철도국 등의 여행안내기와 관광 자료 등의

---

12) "1920년 4월 『동아일보』가 창간되고, 1925년 1월 '치안 유지법'이 공포되기 전까지 이 신문이 소재하는 기행 관련 자료는 대략 85종(연재물은 1종으로 처리함) 500회가 발견된다. 이들 자료 가운데 일부는 기행 관련 논설이나 명승·사적 사진 해설, 또는 유람회 관련 기사 등이 포함되어 있다."(김경남b, 앞의 논문, 254면).

제작은 이러한 정책의 산물이었다.[13] 또한 앞선 시기의 순례기가 일상화되면서 순례라는 제목을 달고 있으면서도 내용은 점차 탐승(探勝), 오락성을 띤 여행잡기로 변화한다는 것도 1930년대 기행수필의 특징이었다. 한편, 1937년 중일전쟁 이전에는 관광 진흥 정책을 펼쳤지만 그 이후에는 관광을 억제하려고 한 것으로 보아 1930년대도 이전 시기와 마찬가지로 조선총독부의 관광정책은 일본의 식민정책에 직접적인 영향을 받았다.

조선총독부의 관광정책은 식민지 지배정책과 궤를 같이하면서 전개되었고, 관광이 단순히 여가생활이나 오락으로써만이 아니라 식민지 지배정책의 일환으로 채택되고 이용되었다. 1920년대는 일제강점기 동안 기행수필이 가장 활발히 창작되었던 시기였고, 1930년대 전시체제로 전환되기 전까지 조선이 처해 있었던 현실의 다양한 모습을 살펴보는 데 좋은 자료가 된다. 그러나 기존 1920년대 기행수필에 관한 연구에서는 최남선과 이광수의 기행수필을 중심으로 기행수필 연구가 진행되어 왔다. 그것은 앞서 살폈듯이 1920년대 기행수필의 다채로운 면으로 이해하는 데에는 한계가 있었다. 따라서 본고에서는 안재홍의 1920년대 기행수필을 논거함으로써 1920년대 기행수필에 대한 다각적인 논의를 꾀해보고자 한다.

3. 관념적 기행수필의 정치성과 실제적 기행수필의 민중성

1920년대 최남선의 기행은 한 마디로 '국토 순례'이자 '조선적인 것의 과거화'라고 볼 수 있다. 단순히 자연을 감상하기 위한 여행이었다기보다 종교적

---

13) 박찬모, 「"전시"된 식민지와 중층적 시선, 지리산 - 1930년대 여행안내기와 지리산 기행문 재고(再考)」, 『現代文學理論研究』 53, 현대문학이론학회, 2013, 130면.

인 순례자로서의 여행을 떠난 최남선은 '조선적인 것'을 조선의 과거에서 찾으려 했다. 방문하는 지역의 역사성을 강조할 수밖에 없었던 것은 식민지 조선의 현실을 회피하기 위해서였다. 최남선은 조선이 일본의 지배를 받는 이유가 민족생활의 고유한 근거를 밝히기 소홀히 했기 때문이라고 말하며 현재의 존재 이유는 과거와의 연계 속에서 지속되기 때문에 조선민족이 전통을 발굴하려는 노력이 필요하다고 말한다.[14]

최남선은 역사와 여행을 연결시킴으로써 국토 여행을 고대사의 근거로 활용했다. 『심춘순례』에서는 끊임없이 백제와 마한의 역사를 불러오며, 『백두산근참기』에서는 국가의 기원과 민족의 시조(始祖)를 떠올린다. 최남선에게 국토 순례는 고대사 연구와 함께 '조선 정신'을 확인하는 작업의 일환이었던 것이다.[15]

> 조선 국토에 대한 나의 신앙은 일종의 애니미즘(animism)일지도 모릅니다. 내가 보는 그는 분명히 감정이 있고, 웃는 얼굴로 말하며 나를 대합니다. 이르는 곳마다 꿀 같은 속살거림과 은근한 이야기와 느꺼운 하소연을 듣습니다. 그럴 때마다 나의 심장은 최고조의 출렁거림을 일으키고, 실신한 지경까지 들어가기도 한두 번이 아니었습니다. 이럴 때의 나는 분명한 한 예지자의 몸이요, 일대 시인의 마음을 가졌지마는 입으로 그대로 옮기지 못하고, 운율 있는 문자로 그대로 재현치 못할 때에 나는 의연한 한 범부며, 한 말더듬이였습니다.[16]

---

14) 복도훈, 「미와 정치: 국토순례의 목가적 서사시 - 최남선의 『금강예찬』, 『백두산근참기』를 중심으로」, 『한국근대문학연구』 제6권 제2호, 한국근대문학회, 2005, 50면.
15) 류시현a, 「여행과 기행문을 통한 민족·민족사의 재인식: 최남선의 사례를 중심으로」, 『사총』 64, 고려대학교 역사연구소, 2007, 111~113면.
16) 최남선, 심춘독회 엮음, 『쉽게 풀어 쓴 심춘순례』, 신아출판사, 2014, 권두.

그러나 최남선의 기행수필은 '조선적인 것', '우리 고유의 것'의 과거형에 지나치게 집착하면서 조선의 현실을 제대로 보지 못했다는 점을 한계로 갖는다. 1927년 조선 국토와 민족에 대한 '애정'을 표현한 『백두산근참기』에서 조차 조선인의 민족성에 관해 "요순에 주공에 한문에 당시에 송학" 등에 대한 '노예성'과 함께 "와르르 헤치고, 뿔뿔이 나고 물어뜯고 (…) 편고하고 작험하고 (…) 태산같은 남의 미점에는 소경인 듯 모르는 체하여도 개자씨 같은 단처만은 현미경 쓰고 찾아내려 하고" 하는 등의 '비사회성'을 조선 민족성의 단점이라고 표현했다.[17] 또한 『금강예찬』과 『백두산근참기』는 계몽적 지식인으로 출발한 최남선이 이후 조선사편수회에 가입하고 일제 말기에 이르러 학병지원연설을 하는 등 '민족을 위한 친일'을 택하게 되는 도정의 중간에 위치해 있기에 그의 정신적 좌표를 암시하는 서사적 알레고리로 보인다.[18]

한편, 이광수는 「동경잡신(東京雜信)」(1916), 「동경에서 경성까지」(1917) 등의 통신문을 통해서 문명제국의 중심부에서 보고 느낀 소감을 자세히 술회하고, 「오도답파여행」(1917)이나 「남도잡감(南道雜感)」(1918)을 통해서는 그 자신의 태생인 식민지 조선을 두루 답사한 인상을 피력했다.[19] 기행을 통해 '조선적인 것'을 찾으려 했던 최남선과 달리 1920년대 이광수의 기행은 '조선적인 것의 부정'으로 시작된다.

과연 조선동포는 혈분과 지방이 부족합니다. 이른바 기(氣) 부족, 혈(血) 부족입니다. 의학과 법학을 배운 이가 각각 천에 가깝지마는 아직 한 종의

---

17) 류시현b, 「1920년대 최남선의 '조선학' 연구와 민족성 논의」, 『역사문제연구』 17, 역사문제연구소, 2007, 173면.

18) 복도훈, 앞의 논문, 58면.

19) 복도훈, 「미와 정치: 낭만적 자아에서 숙명적 자아로의 유랑기 - 이광수의 금강산유기(金剛山遊記)를 중심으로」, 『동악어문학』 46, 동악어문학회, 2006, 40~41면.

저서, 한 자리 박사논문을 쓰는 자도 없을 만큼 학문과 이론을 탐구하는
두뇌의 명석과 야심과 용기도 없습니다.

그 넓으나 넓은 태평양, 대서양 바다에 화륜선(火輪船) 하나 띄워놓을 생
각도 없고, 그 빈대, 벼룩, 노래기, 모기 끓는 구린내 나는, 쓰러져가는 초가
집을 모두 다 무너뜨려 버리고 벽돌, 화강암, 대리석으로 시원한 2, 3층의
높고 큰 누각을 지어보리라는 기운도 없습니다. 그냥 오무작거리고 꾸물거
립니다. 손바닥에 침을 탁 뱉어 쇠뭉치 같은 주먹을 불끈 쥐고, 민족 만년의
진로를 뚫어 열리라는 의기(意氣)도 없습니다. 이러한 부족증(不足症)에 들
린 이들에게 이곳 처녀지의 신령스런 풀과 샘물을 먹고 자란 고기와 우유를
오래 먹일 필요가 있습니까, 없습니까.[20]

그러나 이후 이어진 산행에서는 민족의 열등감을 논하기보다 금강산의 아
름다움을 예찬하는 쪽으로 방향을 바꾼다. 『금강산 유기』는 두 차례의 금강
산 방문 후에 남긴 기행수필로써 1차 방문은 1921년 아내와 함께 신혼여행으
로, 2차 방문은 1923년 박현환, 이병기 등 일행과 함께 유람했다. 이광수는
『금강산 유기』에서 금강산의 아름다움을 마음껏 예찬한다. 이른바 '심미적
글쓰기'로 평가할 수 있는 1920년대 이광수 기행문의 특징은 현실 체험의 미
적 형상화인 것이다.

아아, 아무리 하여도 비로봉의 절경을 글로 그릴 수는 없습니다. 아마
그림으로 그릴 수도 없을 것이외다. 꿈과 같은 광경을 당하니 다만 경이와
탄미의 소리가 나올 뿐이라, 내 붓은 아직 이것을 그릴 공부가 차지 못하였
습니다. 다만 볼 만하고 남에게도 말할 만하지 않으니 내가 할 말은,

─────────
20) 이광수, 『금강산 유기』, 문형렬 해제, 도서출판 기파랑, 2011, 16면.

비로봉 대자연을 사람아 묻지마소
눈도 미처 못 보거니 입이 능히 말할손가
비로봉 알려 하옵거든 보소서 하노라

과연 그렇습니다. 비로봉 경치는 상상해도 상상할 수 없는 것이니, 하물
며 말로 들어 알 줄이 있으리오. 오직 가 보아야 그 사람의 천품을 따라
볼 이 만큼 보고 알 만큼 알 것이외다.[21]

주로 서간체 형식의 기행수필을 썼던 1910년대와는 달리 『금강산 유기』는
언어와 정신의 수사가 고도로 이루어진 미문(美文)을 지향하고 있다.[22] 내용
의 측면에서도 '시조'를 100편 넘게 삽입함으로써 기행수필의 품격을 높이려
고 하였다. 결국 이광수의 기행수필은 심미적 글쓰기의 한 방면이면서도 독
자들로 하여금 미적 체험으로써의 읽기 경험을 하게 한다.

1920년대 최남선의 기행은 주로 백두산, 지리산, 금강산 등 산(山)에 집중
되어 있었고, 국토를 통한 역사, 특히 고대사를 실지(實地)에서 체험하고자
했다. 최남선의 국토 순례는 고대사 연구와 함께 이념적 영역에서 '조선 정신'
을 확인하는 작업의 일환이었던 것이다.[23] 이광수도 금강산을 다녀온 후 『금
강산 유기』를 남겼는데, 이 글에서 그는 금강산을 순수하게 자연의 일부로
여기며 풍경을 소요하는 여행자의 시선으로 관조하고 있다.[24] 최남선이나
이광수의 이런 식의 서술은 궁극적으로는 식민 정책에의 타협점으로 귀결되

---

[21] 이광수, 위의 책, 153면.
[22] 김경남, 「이광수의 작문관과 기행 체험의 심미적 글쓰기」, 『語文論集』 58, 중앙어문
    학회, 2014, 260~262면 참조.
[23] 류시현a, 앞의 논문, 111~113면 참조.
[24] 홍순애, 앞의 논문, 494면.

었는데, 식민지배 정책에 관한 저항의 모습을 드러내지 않았을 뿐만 아니라 조선 민중들의 삶의 형편에는 관심을 두지 않았던 데에서도 이러한 특징을 찾을 수 있다. 최남선과 이광수의 기행수필은 정치적 내용을 담고 있지는 않지만, 기행문이 추상적이고 관념적인 내용, 즉 고대사에 집중하거나 심미적 글쓰기에 주력함으로써 조선의 현실을 외면했다라는 점에서 일제 식민정책에 동조했다는 정치적 성격을 가진다.

한편, 안재홍은 1910년부터 1935년까지 중국을 비롯해 조선 국토 전체를 아우르는 14회의 기행을 다니고 기행수필을 남겼는데, 1920년대에 가장 많은 수의 기행 자료를 남겼다. 특히 그 중에서도 1926년 영·호남 기행수필과 1927년의 해서 지역, 원산·함흥, 문경·상주 지역을 방문하고 쓴 기행수필을 주목해 볼 필요가 있다. 이때의 기행수필들은 『심춘순례』나 『금강산 유기』처럼 단행본으로 묶이지는 않았지만 단행본으로 묶여도 충분할 만큼의 분량이며, 기행의 일정이 『조선일보』에 바로 연재되면서 독자들은 그의 기행을 공유하고 있었다.

안재홍은 일단 비타협적 민족주의자로서 타협적 민족주의자였던 최남선이나 이광수와는 다른 역사적 노선을 지향했다는 점에서 가장 큰 차이를 보인다. 이러한 차이는 기행수필 글쓰기와도 연결되는데, 안재홍은 식민 지배 정책에 관해 분명하고 적극적인 태도로 저항하는 목소리를 내는 데 기행수필을 이용했다. 최남선의 『심춘순례』는 '조선적인 것'을 과거에서 찾으려는 시도였으며, 이광수의 『금강산 유기』는 단지 국토의 아름다움에 관해 묘사하는 데 그쳤을 뿐이다. 또한 최남선과 이광수의 기행수필이 개인적인 여행의 일환으로써 작성된 글쓰기였다면 안재홍의 기행수필은 일종의 현장답사를 전제한 취재기록에 해당하는 글쓰기였다는 점에서도 차이를 보인다. 안재홍의 기행수필 특징은 일본인들이 조선(인)을 대하는 식민 지배 정책에 관한 비판을 분명하게 드러내고 있으며, 조선인들의 당시 피폐한 생활상을 기행수필 곳곳에 다큐멘터리처럼 기록하고 있다. 또한 소외된 지역의 가치를 재발견하는 글쓰기로서의 실제적 기행수필의 면모를 보여준다.

4. 안재홍 기행수필의 실제적 면모

1) 저항성: 일본의 식민지배 정책 비판

안재홍은 자신의 글이 신문의 1면에 실리기 때문에 일제의 검열을 받을 수 있다는 사실을 알고 있었음에도 불구하고 일본(인)에 대한 부정적 입장을 분명하게 드러낸다. 여기서의 부정적 입장은 일본의 식민지배 통치에 관한 구체적이고도 직접적인 비판을 의미한다.

> 무사 꽃은 '사쿠라'라고 일본인이 자랑하는 바이거니와 조선의 벚꽃은 일본의 '사쿠라'와는 다르다. 일본의 '사쿠라'는 담홍(淡紅)한 색채가 자못 사람의 정열을 끄는 바 있거늘 조선의 '사쿠라'는 천홍(淺紅)한 색채가 있다. 조선에 이주한 일본인은 그의 품위와 정열이 아울러 저열하여 자연의 인간성이 마멸된 특수화된 부류들이다. 벚꽃의 변태는 곧 이를 상징함과 같다. 일본엔 '사쿠라' 조선엔 '벚'이니 조선에서 '사쿠라'라고 부르는 것은 일본화한 부산물이다.[25]

---

[25] 안민세, 「화풍앵우춘처처(和風櫻雨春悽悽)」, 『조선일보』, 1926.4.30.
'민세(民世)'는 안재홍의 호로써 '민중의 세상'이라는 뜻을 담아 스스로 지은 호이다 (김인식, 『안재홍의 신국가건설운동』, 선인, 2005, 17면 각주1 참조). 안재홍은 신문에 연재할 때, 특히 『조선일보』 연재 시에는 안재홍이라는 본명 대신 주로 '안민세'라는 이름으로 연재했다. 이어지는 인용문의 '안민세'는 '안재홍'을 가리킨다.

1920년대 들어 재조일본인들의 수가 늘어날수록 조선에 벚꽃을 다량으로 식재하게 되었고, 위의 인용문은 안재홍이 기행 중에 조선 국토에 다른 꽃들보다도 '사쿠라'가 더 많이 심어져 있는 풍경을 본 후에 남긴 감상이다. 벚꽃 식재가 늘어난 이유는 재조일본인들은 벚꽃을 일본을 상징하는 꽃으로 인식하고 일본에서 즐기던 벚꽃문화를 조선에서도 즐김으로써 일본인으로서의 아이덴티티를 확보하고 고향에 대한 향수를 달래며 일제의 세력 확장의 징표로 삼으려 하였기 때문이다.26) 그렇기 때문에 조선으로 건너 온 일본인들은 그들의 거주지를 비롯해 조선 곳곳에 '사쿠라'를 식수했으며 이는 조선의 경관 변화를 가져왔다. 그러나 조선에서는 벚꽃에 특정한 관념을 부여하지 않았기에 일본 제국주의와 함께 식재되던 벚꽃에 대해 부정적인 태도를 보일 수밖에 없었다.

서울 우이동뿐만이 아니라 전국적으로 식재되는 '사쿠라'를 보며 안재홍은 조선에 식재되는 '사쿠라'를 조선의 '벚'과는 다른 종류로 인식하고 있으며 일본인을 '사쿠라'에 빗대어 "저열", "인간성이 마멸" 등 다소 격한 표현으로 비유하고 있다. 조선의 '벚'과 일본의 '사쿠라' 각각의 특징을 비교하고 구분해 일제에 대한 저항 정신을 반영하고 있다. 위의 인용문에서 볼 수 있듯이 최남선이나 이광수의 기행수필과는 다르게 안재홍의 기행은 단순 기행으로 그친 것이 아니라 일본의 식민지배 정책을 비판하기 위한 수단으로도 기능하고 있다는 것을 확인할 수 있다.

---

26) 김동명, 「식민지 조선에서의 벚꽃의 문화접변」, 『한일관계사연구』 62, 한일관계사학회, 2018, 497~498면.

안민현은 부설 중에 있는 진창철도의 통과지로 방금 수도(水道)를 뚫는 중이라 하거니와 왕년 아리요시(有吉) 씨가 조선의 정무총감으로 오며 안민현으로 신작로를 놓게 하고 이름 지어 유길치(有吉峙)라 하였다 하니 유길치와 재등만(齋藤灣)은 좋은 대조이다. 이것은 인간의 이름 부르는 버릇을 가장 노골적으로 드러낸 것이요 일본인의 봉건적 침략의식을 가장 적나라하게 표현한 것이다. 저들은 신공황후(信功皇后)의 삼한정벌을 말하고 혹은 임나일본부를 거침없이 말하는 바 있으니 그것은 허망한 정복욕이 고대에 소급한 것이다.

재등만(齋藤灣)과 유길치(有吉峙)같은 것은 그의 유치함에 웃을 만한 천박한 표현이라 할 것이다. 명산과 뛰어난 경치 높은 누각과 큰 집에 이름을 기록하고 가는 것은 이름 부르는 버릇의 가장 유치한 행동이다. 재등만 유길치 등 지명으로 저들 국가적 영예를 후세까지 기념하기를 바라는 그 유치함 웃지 않을 수 없다. 다만 남은 것은 조선인의 민족적 모욕감을 조장할 뿐이다.[27]

늘 문제되는 바이지만 일어로만 기차 용어를 삼고 조선어로 하여 주지는 않는 것은 괘씸한 일이라고 생각된다. 일어 아는 사람이 많은 대도시의 전차에서도 반드시 조선어를 사용하거든 대부분의 지방을 통행하는 기차에서 일본어만 전용하여서 지방의 인사, 더욱이 부녀 승객들이 많은 교통상 과실을 짓고 의외의 손실을 당하게 하는 것은 괘씸한 일이다.[28]

위의 두 인용문에서 볼 수 있듯이 안재홍은 식민주의사관에 기초한 일본인들의 그릇된 역사관을 비판하는 한편 1920년대 들어 강제되기 시작한 일본

27) 안민세, 「재등만(齋藤灣) 배타면서」, 『조선일보』, 1926.5.1.
28) 안민세, 「해서 기행(海西紀行) (1)」, 『조선일보』, 1927.3.21.

어 보급 정책에 대해서도 반발심을 드러내고 있다. 임나일본부설은 가장 대표적인 식민주의사관으로써 일본인들은 이를 통해 조선의 고대사를 왜곡·말살시키고 조선인에게 열등감을 조장한 논리이다. 안재홍은 이를 가리켜 "허망한 정복욕이 고대에 소급한 것"이라는 날선 비판을 가하고 있다. 특히 무엇보다도 조선 국토에 일본인인 조선총독과 정무총감의 이름을 붙였다는 소식을 듣고는 "유치한 행동"이자 "천박한 표현"이라며 개탄하고 있다. 영·호남 기행의 다음 해에 다녀온 1927년 해주, 원산 기행에서는 일본어 중심의 식민 정책이 노골화된 점에 대해서 문제 삼고 있다. 안재홍은 일본의 이러한 언어정책이 조선인으로 하여금 불편을 겪고 "의외의 손실을 당하게" 한다는 점에서 "괘씸한 일"이라고 말한다. 소도시의 작은 역에서조차도 일본어만을 사용하는 현실을 보며 일상에까지 침투한 일본어 사용 어문정책에서 조선어 사용 억압에 관해 우려하고 있다. 이는 두 개의 언어가 공존하고 있는 상황 속에서 조선어의 가치를 잊지 않으려는 모습이며 조선어에 대한 애정은 이후 〈조선어학회〉 활동으로까지 이어진다.[29]

안재홍의 비판은 식민지 동화정책의 주요 담론에 대한 비판으로써 '문화' 개념에 담겨 있는 식민 당국의 지배담론과도 연결된다. 일제가 실시하는 정책담론 속에서 행해지는 권력을 비판적으로 고찰하고 있는 모습은 타협적 민족주의자들의 모습과는 다른 면모를 보인다. 1920년대 안재홍의 기행수필은 당시 식민지 조선 국토에 행해진 일본의 정책들을 직접 현장에서 보고 듣고 겪으며 조선인의 생활에 직접 영향을 미치고 있는 일본(인)의 만행을

---

[29] 조선어학회는 1931년 조선의 말과 글의 연구 정리 및 통일을 목적으로 설립된 민간 학술단체로, 주시경을 계승한 제자들을 중심으로 결성된 조선어 연구회가 재편된 단체이다. 조선어학회의 한글 운동은 일제에 맞선 문화적 민족운동인 동시에 일종의 독립운동이기도 했다. 안재홍은 〈조선어학회〉의 조선어사전편찬사업에 관계되어 1942년에 2년여 간의 옥고를 치르기도 했다.

구체적으로 서술하고 있다.

2) 민중성: 조선 민중들의 삶에 대한 애정 어린 시선

안재홍은 기행의 여정에서 만난 조선 민중들의 삶을 구체적이고 사실적으로 남김으로써 기행수필을 통해 당대 민중들의 삶의 실상을 이해하고 기록했다. 경성에서와 같은 도시 노동자들과는 다른 삶을 살았던 농촌의 피폐한 현실을 목도하고 조선농민에 대한 애정 어린 시선을 보여주고 있다. 식민지 조선의 현실을 괴롭게 살고 있었던 민중들의 삶을 있는 그대로 보여주며 단지 관념적 기행에 그치지 않았다는 점도 안재홍 기행수필이 가진 실제적 기행수필로서의 또 다른 특징일 것이다.

> 넓은 들 좁은 두렁에서 썩은 풀을 깎고 있는 흰옷 입은 사람이 있다. 매우 굶주린 기색이다. 산비탈 푸른 보리밭에서 농촌의 젊은 아낙네들이 잡초를 매다가 기차가 닿는 것을 보고 우두커니 서 있다. 궁핍과 무료에 깊이 빠진 단순한 그의 가슴에는 표현되지 않는 큰 슬픔이 있을 것이다. 신작로를 고쳐 쌓는 사람, 대홍수에 토사가 덮인 전답을 수리하는 사람, 남북 각지 흰옷 입은 무리의 노동은 매우 부지런한 노력을 깨닫게 한다. 1년의 수확을 위한 희망의 첫걸음이라고 기뻐하였다. 그러나 황폐한 논과 들에서 쓸쓸히 노동하는 그들은 얼굴에 핏기 없는 누르스름한 얼굴빛이 있을 뿐이다.[30]

> 노옹에게 들으니 들에 살던 사람으로 생계가 없어 입산한 지 오래지 않았다 한다. "세금 없는 곳이 있습니까? 1년 내 농사 지어 지주를 주고서도 도적

---

30) 안민세, 「남선기행(南鮮紀行) 여중수필(旅中隨筆) (1)」, 『조선일보』, 1926.4.22.

놈 소리를 듣지요. 세상에 주인 없는 것이 있습니까? 감자도 소작료를 바치
는데 이석 삼십 두 일석 십오 두 층층으로 낸답니다. 보조원과 순사를 피하
여 두메 속에 왔더니 노루와 산돼지가 보조원 순사라우." 이렇게 계속 짚신
을 삼아가며 풀 없이 하소연하고 있다.[31]

1920~30년대의 이농민의 발생은 단지 경제적 착취의 결과만은 아니었다.
경제적 관계에 의한 수탈은 실상 정치적인 폭력이었고, 정치적 폭력은 경제
적 관계를 통해서 실행되었던 것이다.[32] 식민지 시대 농촌의 일상에는 일본
제국주의 영향력이 강화되고 있었다. 1910년 이후 재조일본인의 수가 늘어나
면서 조선에서의 식량이 부족해진 일본은 쌀 수입을 크게 확대하였고, 이와
함께 식민지 조선에서 쌀 증산정책을 실시해갔다.[33] 1920년부터는 식민지
조선에서의 산미증식계획을 실시하였는데, 이러한 정책의 확대는 고스란히
조선 농민들에게 피해로 돌아왔다. 조선의 중소지주와 자영농, 빈농층의 몰
락을 가져온 산미증식계획은 특히 농민층의 조세 부담 증가와 과중한 수리
조합비의 부담으로 인해 농민층의 몰락을 가중시켰다.[34]

안재홍은 기행 중에 만난 농촌의 민중들의 모습을 보며 이들을 계몽의 대
상으로 삼는 것을 우선하기보다 포용과 애정의 대상으로 바라보며 민중의
고통에 공감하고 있다. "1년의 수확을 위한 희망의 첫걸음"을 시작해야 하는
4월에 만난 민중들의 모습은 "황폐한 논"과 다를 바 없었다. 5월의 지리산에

31) 안민세, 「두류산천만첩(頭流山千萬疊) (2)」, 『조선일보』, 1926.5.21.
32) 나병철, 「유민화된 민중과 디세미네이션의 미학 - 1920년대 문학을 중심으로」, 『現代
文學理論研究』 60, 현대문학이론학회, 2015, 253면.
33) 이영학, 「1920년대 조선총독부의 농업정책」, 『한국민족문화』 69, 부산대학교 한국민
족문화연구소, 2018, 303면.
34) 이영학, 위의 논문, 313면.

서 만난 "노옹" 또한 생존방식이 불확실한 상태의 삶을 살고 있는 유이민의
모습이다. 토지에서 유리된 이농민의 발생, 그리고 농민과 노동자의 존재론
적 불안[35]을 목격한 안재홍은 이를 기행수필에 고스란히 담아냈으며 이때의
안재홍의 기행수필은 단순히 여행을 기록하는 수단으로써의 기능을 넘어서
일제의 수탈이 야기한 농민들의 삶을 공유하게 하는 실제감을 갖는다.

　　자개 공업과 수산업은 통영의 두 가지 특색이다. 수산물 총액이 1년에
8백만 원에 달하고 그 중 멸치의 생산액이 2백만 원에 상당하다 한다. 경남
의 수산액이 전 조선에서 제일이고 통영의 수산액은 또 경남의 제일이다.
이 강산 이 물산에 다시 순후건실한 인물들로써 하니 통영의 장래를 축복하
고 싶다. 만일 통영으로부터 고성, 삼가에 나와 거창으로부터 김천에 달하는
철도의 부설이 있다 하면 이 땅의 발전은 예상하기 어렵지 않을 것이다.
다만 앞서 언급한 모든 군에는 곳곳에 중첩한 산악이 동서로 가로지르는
바 있어 공사의 곤란함을 면치 못할 것이다.[36]

　　해주에는 명물이 많다. 산수가 좋은 것은 약술하였지만 돌이 많은 것도
명물이고 괴목이 많고 과수가 많고 소주가 많고 또 미인이 많다. 그리고
철도 교통 편이 없기에 자동차 정류장과 자동차가 많은 것 또한 특색이다.
… 돌이 많은 고로 사용이 매우 흔하다. 용수봉 위에서 화강석의 원탑을
본 것은 이미 적었지마는 돌담, 돌섬은 말할 것도 없고 널판보다 더 고운
넓은 돌로 개천에는 돌다리, 우물에는 돌난간, 그리고 돌로 지은 건축물도
쏠쏠히 많다. 전기회사도 돌집, 천교도당도 돌집, 경찰서와 같은 데는 마침
죄수들을 풀어서 돌담을 쌓기에 바쁜 중이요, 조선인 측의 무역상인 해용상

35) 나병철, 앞의 논문, 254면.
36) 안민세, 「통제영외죽삼삼(統制營外竹森森)」, 『조선일보』, 1926.5.4.

회의 건물도 대부분이 석재이다. 시가지에 돌이 많으니 청산벽계 널브러진
반석이 얼마나 좋을 것은 상상할 만하다.[37]

안재홍의 기행수필은 들르는 지역마다 사회상·경제상의 특징을 파악하
고 실제적이고 현실적인 내용을 담았다는 점에서 관념적인 내용의 기행수필
을 썼던 최남선, 이광수와는 구별된다. 안재홍이 기행 중에 눈여겨 본 것은
각 지역의 특산물이었다. 특산물과 관련된 구체적인 수치를 제시하고 이것
의 실제적인 활용을 논하는 모습은 안재홍이 현실을 어떻게 인식하고 있는
지를 알 수 있다. 바닷가인 통영에서는 수산물을, 황해남도의 중심지인 해주
에서는 석재를 언급하며 각 지역 특산물을 활용한 지역 경제 활성화를 위한
의견을 제시하고 있다.

실제로 안재홍은 조선인 각자의 연결과 협동으로 민족자본의 육성을 실현
해야 한다고 주장하였다. 조선의 특산물인 마포(麻布), 저포(紵布), 주속(紬
屬), 지물(紙物), 모물(毛物), 석(席), 죽세공(竹細工), 기타 수공업 산물 등 '토
산'의 장려를 통해 조선인 생산계층의 성장을 전망하였다.[38] 안재홍은 1924년
물산장려회의 이사를 맡아 '토산장려'의 논리를 펼쳤는데 조선 경제의 독자
성을 강조한 시선이 1920년대 후반 기행수필에 고스란히 담겨 있는 것이다.

이와 같은 실제적인 기행수필은 이 시기에 각 지역의 자체 경제를 활성화
하는 것이 얼마나 중요한지를 파악하고 있으며 이러한 인식에서 조선 민중
들의 삶의 개선을 꿈꾸었던 안재홍의 의도가 읽힌다.

37) 안민세, 「해주잡필(海州雜筆)」, 『조선일보』, 1927.7.12.
38) 사설, 「백년대계(百年大計)와 목전문제(目前問題)」, 『조선일보』, 1926.8.25; 이지원,
「일제하 안재홍의 현실인식과 민족해방운동론」, 『역사와 현실』 6, 한국역사연구회,
1991, 33면에서 재인용.

3) 지역성: 소외된 지역의 가치 재발견

안재홍은 지역 경제 활성화와 더불어 소외된 지역에 대한 재조명을 통해서 이들 지역의 부흥을 소망하는 의지를 밝힌다. 이들의 문화적 가치를 효과적으로 수행하기 위해서는 철도의 부설이 필요하다는 의견을 내놓았다. 1920년대는 조선 곳곳에 철도가 부설되면서 철도이용객이 늘어나던 시기였다. 철도는 대중 집단이 공유하는 근대적 경험의 표상[39]이라고 할 수 있는데, 조선 국토가 근대적 관광지로 변모할 수 있었던 데에는 철도가 큰 역할을 했다. 안재홍 역시 철도역을 중심으로 여행의 일정을 계획했으며 철도가 닿지 않는 곳은 자동차나 선박을 이용하는 등 근대 교통수단의 장점을 충분히 활용하며 기행을 다녔다.

> 조선에는 사치스러운 신사라는 말이 일부 인사의 사이에 있는 줄을 안다. 사치스러운 사람의 일이 아니지만 바쁘기 그지없어서 몸과 마음의 피로가 때로는 극도에 가까울 때가 있다. 휴양 겸 여행하기를 벼른 지가 오랜 것이지마는 항상 그 단행할 기회를 얻지 못하였다. 이번에는 경남기자대회가 마산부에서 열리므로 핑계 좋은 김에 **경부선의 선로를 따라** 여행을 단행하기로 한다.[40] [강조는 인용자]

영 · 호남 기행의 출발지와 경유지도 "경부선의 선로를 따라" 이루어졌던 것인 만큼 안재홍은 철도 부설에 깊은 관심을 보인다. 안재홍이 철도를 바라

---

39) 김아연, 「〈대한매일신보〉 철도가사와 철도의 표상 - 식민지 근대의 표상으로서 철도에 대한 매혹과 부정의 관점에서-」, 『人文科學』 55, 성균관대학교 인문학연구원, 2014, 141면.
40) 안민세, 「진위행(振威行)」, 『조선일보』, 1926.4.18.

보는 인식과 시선은 관광의 수단으로만 여기는 것이 아니라 철도를 통해 자원의 유통과 지역의 개발이 이루어질 것으로 보았기 때문이다. 따라서 안재홍은 지역의 역사라는 과거를 불러냄과 동시에 철도의 개발로 이루어질 미래의 모습을 병치시키고 있다.

다만 내륙의 교통이 오직 선로가 마산으로 통하게 되고 연안 항로로 부산, 여수 각지에 연락하는 바 있으니 이것이 하나의 단점이다. 최근 다시 여기로부터 창원에 달하는 진창철도의 부설이 있으니 이것이 완성되는 날에는 한층 교통이 편리해질 것이다.[41]

진주가 옛날 경상 우도의 웅주(雄州)로서 방금에도 2부 11군의 중심도시를 짓고 있거니와 만일 오주 철도의 기획이 완성되어 전북 남원으로부터 철도가 이 땅에 도달하고 다시 거창으로부터 김천에 연결하는 철도망 완성이 있을 것 같으면 그 발전이 매우 유망할 것이다.[42]

남원이 철도의 교차지로 장래가 매우 촉망되나 아직 그 실현을 보지 못하였다. 만일 이로 인하여 전주, 광주, 진주, 상주 등 제 지역으로 교통이 연결된다 하면 괄목할 발전이 있을 것이다. 지금에는 시가 비록 조밀하나 쓸쓸한 기색을 벗지 못하였다.[43]

안재홍은 기행 중 접한 지역의 실상을 꼼꼼하게 살펴보고 기록했으며 이들의 발전에 철도가 도움이 될 것이라고 판단했다. 근대화의 상징으로 여겨

41) 안민세, 「재등만(齋藤灣) 배타면서」, 『조선일보』, 1926.5.1.
42) 안민세, 「진양성외수동유(晋陽城外水東流) 중(中)」, 『조선일보』, 1926.5.9.
43) 안민세, 「감회(感懷)만흔남원성(南原城) (2)」, 『조선일보』, 1926.5.29.

지는 철도는 공간적·시간적 거리를 극복할 수 있게 해주며 철도가 지역의
문화적 가치를 되살리고 소외된 지역을 주목하는 데에 도움을 줄 것으로 보
았던 것이다.

> 원산이 동해안의 중앙점에 있어서 동쪽 조선의 대관문이 된 것은 다시
> 말할 여부도 없다. 그러나 이 동해안의 지리의 형승을 독천하다시피 된 원산
> 항은 지금보다도 장래가 더욱 유망하다. 현재에도 수로로 연안 항로를 거쳐
> 서 남북의 국내 제항으로부터 일본의 돈하 관문과 러시아의 블라디보스토
> 크에까지 연락하고 육상으로 경원·함경 양선은 물론이요 공사 중에 있는
> 평원선과 계획 중에 있는 함경·평안 양도의 두만·압록 양강까지 달하는
> 국경철도가 완성되는 날에는 물화의 집주와 인물의 교통이 일층은 풍부할
> 것이며 지금에도 자동차의 교통이 통천·강릉 등 영동 제읍에 미치거니와
> 동해안의 종관철도가 준공되기까지 미치면 거의 천하교통의 충이 될 것이
> 니 그 장래의 발전이 예상할 만하다.[44]

1926년의 영·호남 기행 이후 이뤄진 1927년의 원산 기행은 신간회 지부
창립과 관련된 지역들을 방문하기 위해서였다. 이때의 기행에서도 안재홍은
철도의 부설과 그 역할에 관해 수십 차례에 걸쳐 역설하고 있다. 점이 아닌
선으로 연결된 철도야말로 근대적 기술문명을 상징함과 동시에 각 지역을
이어줄 수 있는 매개체가 될 것으로 본 것이다. 철도를 활용함으로써 대도시
인 경성이나 부산이 아닌 소외된 지역들의 경제적·문화적 가치를 재발견하
고자 하였다. 이는 근대화 과정에서 소외되는 지역이 없기를 바라는 마음과
각 지역 자체의 경제활성화 방안을 위한 노력들이 안재홍의 기행문에서 발

[44] 안민세, 「원산항두(元山港頭)에서 중(中)」, 『조선일보』, 1927.7.30.

견된다. 이처럼 안재홍의 기행수필은 현실과 실용을 추구했던 지식인으로서의 모습을 담고 있으며 이는 고대사에만 집중했던 최남선이나 미적 가치만을 추구했던 이광수와는 다른 특징을 지닌다.

5. 나오며

1920년대는 국내를 비롯해 해외로까지 기행이 장려·유행되었던 시기였다. 도로의 개통, 철도의 부설, 자동차와 같은 근대 교통수단의 발달 또한 기행을 확산시켰다. 이는 기행수필 쓰기와도 연결되었으며 당대 지식인들은 많은 기행수필을 남겼다. 1920년대의 기행수필은 근대적 기행과 기행수필 모두 초기 모습을 보였던 1910년이나 일본 제국의 정책이 관광에 큰 영향을 끼쳤던 1930년대의 기행수필과는 다르기에 별도로 주목할 필요가 있다.

기존 연구에서는 1920년대 기행수필에 대한 이해를 최남선이나 이광수에 집중하는 게 일반적이었다. 최남선이 조선심을 강조하고 고대사에 집중해 종교적 의미를 추구했다면, 이광수는 조선 국토에 대한 아름다움을 강조하는 심미적 글쓰기를 추구했다. 이들의 글에서는 일본 식민 권력에 정책적으로 부합하려는 타협적 민족주의자들의 의도가 발견된다. 그렇지만 1920년대의 기행수필은 이 두 사람의 논의로만 평가되기에는 문제가 있다. 1920년대 기행수필에서는 다양한 모습을 찾아볼 수 있는데 그 한 예가 바로 안재홍의 기행수필이다. 당시 비타협적 민족주의자이자 언론인, 역사학자였던 안재홍의 기행수필은 최남선이나 이광수와는 변별되는 지점을 가지고 있었다.

안재홍은 비타협적 민족주의자로서 일본의 식민지배에 관해 저항적인 면모를 보인다는 점에서 최남선, 이광수와 같은 타협적 민족주의자와는 다른 면모의 글쓰기를 지향했다. 기행 당시 보고 듣고 겪었던 일본의 식민지배 정책들을 직접 현장에서 접한 안재홍은 이에 관해 날선 비판을 서슴지 않았다. 한편, 최남선은 종교적 의미를, 이광수는 미적 의미를 두고 있었던 데 비해 안재홍은 민족 정체성의 토대를 구축하는 데 조선 민중들의 '현실 생활'에 초점을 두고 있다. 산미증식계획 등으로 수탈당하고 있던 농민들의 고된 삶의 모습을 현장에서 목도하고 이를 애정 어린 시선으로 바라보고 기록한 모습이 바로 그 예이다. 또한, 안재홍의 기행수필은 지역의 가치를 재발견한 글쓰기였다. 경성이나 대도시 중심이 아니라 조선 전국토를 고른 시선으로 바라보며 지역적 가치를 재발견하려고 하였다. 이를 위해서 철도의 부설에 주목하기도 했는데 이는 소외된 지역에 대한 관심을 바탕에 둔 데서 비롯된 것이었다.

　안재홍의 1920년대 기행수필은 근대 시기 식민지 조선을 '발견'하는 글쓰기였으며 그동안 언론인·정치인·역사학자로만 알려졌던 안재홍의 외연을 문학인으로 확장하는 계기가 된다. 특히 관념적 기행수필로 대표되는 최남선, 이광수와는 달리 실제적인 기행수필을 남김으로써 1920년대 기행수필의 다양한 면모를 살펴볼 수 있게 한다는 데 의의가 있다.

참고문헌

『조선일보』, 1926년 4월 18일자 ~ 6월 2일자.
『조선일보』, 1927년 3월 21일자 ~ 9월 21일자.

김인식, 『안재홍의 신국가건설운동』, 선인, 2005.
이광수, 『금강산 유기』, 문형렬 해제, 도서출판 기파랑, 2011.
최남선, 심춘독회 엮음, 『쉽게 풀어 쓴 심춘순례』, 신아출판사, 2014.

구인모, 「국토순례와 민족의 자기구성 – 근대 국토기행문의 문학사적 의의」, 『한국문학
        연구』 27, 동국대학교 한국문학연구소, 2004.
구춘모, 「최남선의 기행문에 나타난 경관 인식과 민족 정체성의 관계」, 한국교원대학교
        교육대학원 석사학위논문, 2016.
김경남, 「1910년대 기행 담론과 기행문의 성격」, 『인문과학연구』 37, 강원대학교 인문
        과학연구소, 2013.
김경남, 「1920년대 전반기 「동아일보」 소재 기행 담론과 기행문 연구」, 『韓民族語文學』
        63, 한민족어문학회, 2013.
김경남, 「이광수의 작문관과 기행 체험의 심미적 글쓰기」, 『語文論集』 58, 중앙어문학
        회, 2014.
김동명, 「식민지 조선에서의 벚꽃의 문화접변」, 『한일관계사연구』 62, 한일관계사학회,
        2018.
김명구, 「1920년대 부르주아 민족운동 좌파 계열의 민족운동론 – 안재홍을 중심으로」,
        『한국사학보』 12, 고려사학회, 2002.
김미영, 「이광수의 『금강산유기』와 「민족개조론」의 관련성」, 『한국문화』 70, 서울대학
        교 규장각한국학연구원, 2015.
김아연, 「〈대한매일신보〉 철도가사와 철도의 표상 – 식민지 근대의 표상으로서 철도에
        대한 매혹과 부정의 관점에서」, 『人文科學』 55, 성균관대학교 인문학연구원,
        2014.
김현주, 「근대 초기 기행문의 전개 양상과 문학적 기행문의 '기원' – 국토 기행을 중심으
        로」, 『현대문학의 연구』 16, 2001.
나병철, 「유민화된 민중과 디세미네이션의 미학 – 1920년대 문학을 중심으로」, 『現代

文學理論研究』 60, 현대문학이론학회, 201.

류시현, 「여행과 기행문을 통한 민족 · 민족사의 재인식: 최남선의 사례를 중심으로」, 『사총』 64, 고려대학교 역사연구소, 2007.

류시현, 「1920년대 최남선의 '조선학' 연구와 민족성 논의」, 『역사문제연구』 17, 역사문 제연구소, 2007.

박용규, 「1920년대 중반(1924~1927)의 신문과 민족운동: 민족주의 좌파의 활동을 중심으로」, 『언론과학연구』 9권 제4호, 한국지역언론학회, 2009.

박찬모, 「"전시"된 식민지와 중층적 시선, 지리산 – 1930년대 여행안내기와 지리산 기행문 재고(再考)」, 『現代文學理論研究』 53, 현대문학이론학회, 2013.

복도훈, 「미와 정치: 낭만적 자아에서 숙명적 자아로의 유랑기 – 이광수의 금강산유기(金剛山遊記)를 중심으로」, 『동악어문학』 46, 동악어문학회, 2006.

복도훈, 「미와 정치: 국토순례의 목가적 서사시 – 최남선의 『금강예찬』, 『백두산근참기』를 중심으로」, 『한국근대문학연구』 제6권 제2호, 한국근대문학회, 2005.

서영채, 「최남선과 이광수의 금강산 기행문에 대하여」, 『민족문학사연구』 24, 민족문학사학회, 2004.

심원섭, 「'일본제 조선기행문'과 이광수의 「오도답파여행」」, 『현대문학의 연구』 52, 한국문학연구학회, 2014.

윤영실, 「'경험'적 글쓰기를 통한 '지식'의 균열과 식민지 근대성의 풍경 – 최남선의 지리 담론과 『소년』지 기행문을 중심으로」, 『현대소설연구』 38, 2008.

이영학, 「1920년대 조선총독부의 농업정책」, 『한국민족문화』 69, 부산대학교 한국민족문화연구소, 2018.

이준식, 「일제 강점기 친일 지식인의 현실 인식 – 이광수의 경우」, 『역사와 현실』 37, 한국역사연구회, 2000.

이지원, 「일제하 안재홍의 현실인식과 민족해방운동론」, 『역사와 현실』 6, 한국역사연구회, 1991.

조성운, 「"여행의 발견, 타자의 표상"; 일제하 조선총독부의 관광정책」, 『동아시아 문화연구』 46, 한양대학교 동아시아문화연구소, 2009.

최강민, 「1920년대 민족 우파와 민족 좌파가 표출한 조선의 민족성 – 이광수, 최남선, 안재홍을 중심으로」, 『한국어와 문화』 10, 숙명여자대학교 한국어문화연구소, 2011.

홍순애, 「이광수 기행문의 국토여행의 논리와 공간 정치의 이데올로기」, 『국어국문학』 170, 국어국문학회, 2015.

홍영택, 「문화관광의 시공간적 확산이 근대적 여가에 미친 영향 연구 – 한·일간 비교를 중심으로」, 『한국사진지리학회지』 24권 제1호, 한국사진지리학회, 2014.

민세 안재홍의 스포츠 활동

손환 (중앙대학교 사범대학 체육교육과 교수)

하정희 (순천향대학교 향설나눔대학 조교수)

민세 안재홍의 스포츠 활동*

손환 (중앙대학교 사범대학 체육교육과 교수)

하정희 (순천향대학교 향설나눔대학 조교수)

1. 들어가며

독립운동가, 정치가, 역사가, 언론인 등 여러 수식어가 붙어 있는 안재홍. 이는 안재홍이 일생을 조국과 민족을 위해 각종 분야에서 얼마나 다양한 활동을 하며 헌신했는지를 단적으로 보여주는 사례라고 할 수 있다.

그리고 안재홍은 그의 호(號) 민세(民世)에서도 엿볼 수 있는 것처럼 일제 강점기를 거쳐 광복 직후 격동의 한국근대사 속에서 "민중의 세상"을 만들기 위해 평생을 살아왔다.[1]

이러한 안재홍에 대한 평가는 늦은 감이 있었으나 사후(死後) 24년이 지난 1989년 그 공로를 인정받아 건국훈장 대통령장이 추서되었다. 이처럼 안재홍은 다양한 활동을 했는데 그중에서도 스포츠 활동에 대해서는 거의 알려진

---

* 이 글은 2022년 『한국체육사학회지』 제27권 제1호에 게재된 「민세 안재홍의 한국근대 스포츠 발전에 미친 영향」을 수정, 보완한 것임.

1) 김동환, 「아호의 유래-민세 안재홍」, 『삼천리』 4, 삼천리사, 1930, 35쪽.

적이 없다. 그 이유는 지금까지 안재홍에 대해 주로 독립운동, 정치활동, 언론활동 등에 초점이 맞추어져 왔기 때문이다.

실제로 안재홍의 스포츠 활동을 보면 일제강점기에는 스포츠단체의 회장을 비롯해 각종경기대회의 대회장, 강연, 스포츠전문서적의 추천사 등의 활동을 했다. 광복 후에는 올림픽후원회 회장, 스포츠단체의 고문, 체육잡지의 축사 등 한국근대스포츠의 발전을 위해 많은 역할을 했다는 것을 알 수 있다.

이에 본고에서는 안재홍의 생애, 일제강점기 스포츠 활동, 광복 후 스포츠 활동, 스포츠사상에 초점을 맞추어 안재홍이 한국근대스포츠의 발전에 어떠한 영향을 미쳤는지를 알아보고자 했다. 이를 위해 본고에서는 당시에 발행된 올림픽후원권, 올림픽준비위원회와 올림픽후원회 발행의 올림픽소책, 신문(경향신문, 동아일보, 서울신문, 세계일보, 조선일보, 중앙신문, 평화일보, 한성일보, 해방뉴스, 현대일보), 잡지(동광, 삼천리, 체육문화), 단행본(현대체력증진법, 정말체조법) 등의 1차 사료를 사용해 문헌연구를 진행했다. 본고는 민족지도자로서 안재홍이 한국근대스포츠의 발전에 토대를 마련하는 역할을 했다는 점에 매우 의미가 있으며 그 가치 또한 충분하다고 할 수 있겠다.

2. 안재홍의 생애

안재홍은 1891년 경기도 평택에서 태어났다. 어려서부터 한학을 공부한 그는 황성기독교청년회 중학부를 거쳐 1910년 19세 때 일본에 유학을 가 아오야마학원(靑山学院)에서 영어를 배운 뒤 와세다대학에 입학했다. 와세다대학 재학시절 안재홍은 조만식, 송진우, 이광수, 장덕수 등과 일본을 방문한

민족지도자 이승만을 만났다. 이를 계기로 안재홍은 이승만이 하와이에서 발행하는 『태평양평론』이라는 잡지에 정기적으로 원고를 써서 보냈다. 그러나 안재홍은 중국의 독립운동가에 깊은 관심을 가지고 있었다.[2]

1914년 와세다대학 정치·경제학부를 졸업하고 귀국한 안재홍은 김성수가 인수한 중앙학교(현 중앙고등학교)의 학감으로 후진양성에 힘쓰다가 일제의 압력으로 그만두고 조선중앙기독교청년회 교육부 간사가 되었다. 그 후 안재홍은 1919년 3·1독립운동이 일어나고 나서 설립된 대한민국청년회 교단 총무로 선출되었으나 일제에 발각되어 징역 3년형을 받았다. 1924년 출감한 안재홍은 1945년 광복 때까지 시대일보사 주필, 조선일보사 주필, 부사장, 사장, 신간회와 조선어학회 등의 활동으로 9차례나 투옥되어 7년 3개월의 옥중생활을 하며 일제와 타협을 하지 않는 항일 민족주의자의 삶을 살았다.[3]

광복이 되자 안재홍은 여운형이 조직한 건국준비위원회 부위원장이 되었으나 그해 9월 4일 건국준비위원회의 좌익화에 반발하고 탈퇴했다. 그리고 나서 그는 즉시 국민당을 창당하고 중앙집행위원장에 취임했다. 또한 그는 1947년 2월부터 이듬해 6월까지 미군정청 민정장관을 지냈으며 1950년 5월 평택에서 민의원에 당선되었다가 6·25전쟁 때 납북되었다.[4]

1965년 3월 2일 도쿄에서 청취한 북한방송에 따르면 6·25전쟁 때 납북된 안재홍은 북한에서 3월 1일 오전 10시 75세로 별세했다고 했다. 이 방송에서는 재북평화통일협의촉진회 최고위원 안재홍이 오래 동안 병고에 시달린 끝에 평양시내 병원에서 별세했다고 밝혔다.[5]

---

2) 『동아일보』, 1995년 12월 5일.
3) 『동아일보』, 1995년 12월 5일.
4) 『경향신문』, 1965년 3월 2일.

안재홍이 별세했다는 소식을 들은 그의 죽마고우 장택상은 "왜정 때 크고 작은 항일운동에는 빠짐없이 끼어 옥고를 치러 일생을 민족과 국가를 위해 바친 애국자라고 파란만장한 그의 생애를 설명했다."[6]

이와 같이 안재홍은 풍전등화와 같은 암울했던 개화기에 태어나 일본유학을 통해 민족의식을 형성하며 귀국 후에는 언론사, 항일단체의 임원으로 활발하게 민족운동을 전개했다. 이러한 그의 활동은 광복 후에도 이어져 민정장관, 민의원으로서 격동의 시기에 민족과 조국의 발전을 위해 많은 노력을 했다. 그러나 6·25전쟁 때 납북되어 북한에서 안타깝게 생을 마감하고 말았다.

3. 일제강점기 안재홍의 스포츠 활동

여기에서는 안재홍이 일제강점기 조선농구협회 회장의 추대과정과 활동, 전 조선전문학교연합정구대회, 전 조선전문학교축구대회, 전 경기소년축구대회, 경평축구대항전 등 각종경기대회의 활동, 중앙체육연구소의 회원, 무도강연 등의 활동에 대해 알아보기로 한다.

1) 조선농구협회 활동

안재홍은 1924년 3월 시대일보사 이사와 그해 9월 조선일보사 주필 겸 이사를 거쳐 1929년 1월 조선일보사 부사장, 1931년 5월 조선일보사 사장에 취임했다. 이를 통해 안재홍은 언론사에 근무하면서 스포츠 활동을 시작했던

---

5) 『경향신문』, 1965년 3월 2일.
6) 『경향신문』, 1965년 3월 2일.

것으로 보인다. 그중에서 대표적인 것이 조선농구협회의 활동이었다.

1930년대에 들어와 농구의 인기가 높아지자 농구의 권위자 김영구, 최진순 등은 조선농구협회를 창립하고자 했다.[7] 이리하여 조선농구협회는 1931년 4월 11일 백합원 구관(舊館)에서 창립총회를 개최하고 규칙과 이사 10명을[8] 선정한 다음 이사회를 열어 회장은 외부인사를 추대하기로 하고 부회장과 상무이사,[9] 그리고 평의원 15명을[10] 각각 선정했다.

조선농구협회의 설립 목적은 농구계의 통일과 농구의 연구, 지도, 장려에 있었다. 그리고 조선농구협회의 사업은 목적을 달성하기 위해 경기에 관한 조사와 연구, 전 조선농구선수권대회와 기타 경기대회의 주최 또는 후원, 연구, 지도 등 필요에 따라 농구단의 조직, 기타 본회의 목적에 합당한 사업 등의 활동을 했다.[11]

이처럼 조선농구협회는 목적과 사업을 정하고 임원의 대부분은 조선체육회를 비롯한 각 스포츠단체, 농구부가 있는 학교의 교사, 언론인, YMCA 등에서 활동하고 있는 인물을 중심으로 구성했다. 그리고 회장은 조선농구협회를 대외적으로 권위 있는 단체로 하기 위해 외부 인사를 추대하기로 했다.

그 후 조선농구협회는 1931년 4월 15일 이사회에서 각 방면에 교섭해 조선

7) 『동아일보』, 1931년 4월 11일.
8) 이사 10명의 이름과 소속은 김영구, 김규면(조선체육회), 최진순(중동고보), 이일(휘문고보), 이길용(동아일보), 최등만(조선체육회), 왕조혁(백합), 김태식(중앙고보), 이병삼(동성상업학교), 최대환(대창고보)이었다. 『동아일보』, 1931년 4월 14일.
9) 부회장은 김규면, 상무이사는 김영구, 최진순이었다. 『동아일보』, 1931년 4월 14일.
10) 평의원의 이름과 소속은 강용수(보성고보), 김종연(협성실업), 김수기(배재고보), 김영환(숙명여고보), 김을한(매일신보), 김종만(중앙기독교청년회), 이세정(진명여고보), 이원용(조선일보), 성의경(조선권투구락부), 유두찬(동덕여고보), 유기준(연희전문), 정문기(조선총독부), 최재원(양정고보), 호정환(경성실업), 홍영후(중앙보육)이었다. 『동아일보』, 1931년 4월 14일.
11) 『동아일보』, 1931년 4월 14일.

일보사 부사장 안재홍을 회장으로 추대했다.[12] 안재홍은 회장에 취임하고 나서 첫 사업으로 사립중등학교와 일반구락부 농구연맹전을 1931년 5월 9일부터 20일까지 개최하기로 하고 대회 규정과 연맹전 규약을 다음과 같이 결정해 발표했다.

이 대회 규정과 연맹전 규약은 안재홍이 직접 만든 것은 아니다. 그러나 회장으로서 첫 행사인 만큼 책임감을 가지고 대회의 원활한 진행을 위해 많은 심혈을 기울였던 것으로 보인다. 여기서 대회 규정과 연맹전 규약의 전문을 소개하면 다음과 같다.

《대회 규정》

● 참가 자격

① 본 협회의 단체회원에 한함. 단 단체회원 팀은 이 기간에 연회비 3엔[13] (현재 16만 9,200원)을 납부하고 아직 회원이 아닌 팀은 입회원서에 연회비 3엔을 첨부해 입회 수속을 마치는 것을 필요로 함.

② 전문학교 팀은 일반구락부 팀과 같음.

● 제한

① 각 단체에 한해 한 팀만 허용함.

② 인원은 각 팀 12명 이내로 함.

● 신청 일시

5월 7일(목) 오후 6시까지

---

12) 『조선일보』, 1931년 4월 17일.

13) 일제강점기 1930년대 1엔의 법정평가는 화폐법 개정에 의해 금 0.2돈(0.75g)이었다. 이에 따라 10엔은 금 2돈(현 시세 약 56만 4,000원)이기 때문에 1엔은 5만 6,400원으로 환산했다. 박상하, 「일러두기」, 『경성상계』, 생각의 나무, 2008.

● 신청 장소

종로 1정목 40번지 조선농구협회 사무소

● 대표자 회의: 각 팀 감독자 또는 주장

① 일시: 5월 7일(목) 오후 8시 반

② 장소: 조선농구협회 사무소

③ 토의 건: 일정 및 시간표, 입장식, 장소배정, 기타 중요사항[14]

또한 원활한 대회 개최를 위해 10개 항목으로 된 연맹전 규약도 결정해 발표했는데 그 내용은 다음과 같다.

《연맹전 규약》

① 본 연맹전은 매년 5월에 개최함.

② 우승팀에게 각각 본회 소정의 우승배를 수여함. 단 우승배는 우승팀이 다음 연맹전까지 보관함.

③ 선수 자격은 만 1년 이상 재적생에 한함(중등학교). 단 전문학교, 일반 구락부 팀은 이 제한을 받지 않음.

④ 중등학교 선수의 자격은 유급생에게 부여함. 단 1학기 이상 휴학으로 인해 유급된 자는 이 제한을 받지 않음.

⑤ 한 선수의 출전권은 한 팀에 한함.

⑥ 1차 제출한 멤버는 중도에 변경할 수 없음. 단 경기 전에는 이 제한을 받지 않음.

⑦ 심판은 대일본농구협회에서 발행한 해당연도 농구경기 규칙에 따라 행함.

---

14) 『조선일보』, 1931년 5월 3일.

⑧ 경기시간은 전부 30분으로 하고 중간 휴식은 5분으로 함.

⑨ 경기 시간 5분이 지나도 출전하지 않으면 패배로 인정함.

⑩ 연속해서 2번 아무런 이유 없이 출전하지 않은 팀은 본 연맹전에서 기권한 것으로 인정하는 경우도 있음.[15]

이 내용들을 보면 먼저 대회 규정은 참가 자격, 제한, 신청 일시 및 장소, 대표자 회의, 다음으로 연맹전 규약은 선수 자격, 심판, 경기시간, 기권처리 등 매우 구체적으로 제시하고 있음을 알 수 있다. 이들 대회의 규정과 연맹전 규약은 오늘날과 비교해보면 다소의 차이는 있으나 결코 손색이 없다고 판단된다.

그리고 조선농구협회는 농구연맹전의 후원을 조선일보사에서 받을 것을 이사회에서 의결했으며,[16] 김영환(평의원) 20엔(현재 112만 8,000원), 최대환(이사) 부상품, 최학기 운동구점에서 대회 용구 1개와 프로그램 2,000장 등의 찬조도 있었다.[17] 또한 조선농구협회는 농구를 장려한다는 의미에서 농구연맹전의 입장료를 무료로 했으나 3일이 지났을 무렵 장내정리와 경기의 원활한 진행을 위해 어쩔 수 없이 일반 10전(현재 5,640원), 학생 5전(현재 2,820원), 출전학교 학생 3전(현재 1,692원)의 입장료를 받았다.[18]

이와 같이 조선농구협회가 언론사의 후원, 입장료의 징수, 기부금 및 찬조를 받은 것은 대회의 성공적인 개최를 위한 재정확보와 홍보를 하는데 있었다고 보인다. 특히 조선일보사의 후원은 본회 회장으로서 조선일보사 사장을 맡고 있었던 안재홍의 역할이 컸던 것으로 생각된다.

---

15) 『동아일보』, 1931년 5월 5일.

16) 『조선일보』, 1931년 5월 8일.

17) 『조선일보』, 1931년 5월 22일.

18) 『동아일보』, 1931년 5월 15일.

그 후 시간이 지나면서 조선농구협회는 1932년에는 초등학교, 여자중등학교, 전 조선선수권 등의 대회 개최, 해외 우승 팀의 초빙, 강습회의 개최 등으로 사업을 확대하고,19) 또한 올림픽대회 참관과 미주 체육시설 시찰,20) 15개 단체회원과 약 40명의 개인회원 보유 등,21) 조선농구계의 권위 있는 단체로서 차츰 그 체제를 갖추어 갔다.

2) 각종경기대회 활동

안재홍은 조선일보사 주필 겸 이사, 부회장으로 있을 때 정구대회, 축구대회 등 각종경기대회에서 대회장을 맡았고 대회사를 했다. 여기에서는 이들 활동에 대해 알아보기로 한다.

(1) 전 조선전문학교연합정구대회

조선의 각 전문학교학생들은 우리조선 학생의 이상적 단결을 도모해 실력의 충실에 힘쓰자는 목적으로 1923년 2월 9일 중앙기독교청년회 회관에서 조선학생회를 창립했다.22) 조선학생회에서는 사업 중의 하나로 체육을 위해 오는 6월 10일 오전 9시부터 보성고등보통학교 운동장에서 제1회 전 조선전문학교연합정구대회를 개최했다. 이 대회에는 경성시내에 있는 각 전문학교는 물론 수원, 평양 등 지방에 있는 전문학교에서도 모두 참가했다.23)

이 대회는 회를 거듭해 1927년 6월 12일 조선일보사 후원으로 제5회 대회

19) 『동아일보』, 1932년 2월 20일.
20) 『동아일보』, 1932년 6월 24일.
21) 『조선일보』, 1933년 4월 27일.
22) 『조선일보』, 1923년 2월 4일.
23) 『조선일보』, 1923년 5월 31일.

를 경성운동장에서 개최했다. 이번 대회는 제5회 대회인 만큼 그동안의 모든 경험을 갖추어 신중히 하고자 주최 측에서는 고심한 끝에 대회 위원을 심판으로 선정하고 조선일보사 주필 겸 이사인 안재홍이 대회장을 맡았다.[24]

이처럼 안재홍은 조선의 전문학교 학생들이 단결을 통해 실력향상에 노력하자는 목적으로 설립된 조선학생회에서 개최한 전 조선전문학교연합정구대회의 원활한 진행을 위해 대회장을 맡아 힘쓰고 있다는 것을 엿볼 수 있다.

(2) 전 조선전문학교축구대회

전 조선전문학교축구대회는 1926년 1월 30일 경성고등공업, 경성고등상업, 보성전문, 경성법학전문, 경성농업, 연희전문, 대학예과 등 7개 전문학교의 발기로 전 조선전문학교축구연맹을 설립하면서 시작되었다.[25] 전 조선전문학교축구연맹을 설립한 배경은 조선에 있는 각 전문학교의 체육장려 기관이 완전하지 않아 조선에서 많은 토대를 쌓은 축구계를 장려하기 위해 조직했던 것이다.[26]

전 조선전문학교축구대회는 전문학교축구연맹 주최, 조선일보사 후원으로 개최되었으며 그 목적은 연맹학교의 친목을 유지하며 체육의 건설을 도모하는데 있었다. 조선일보사 부사장 안재홍은 1929년 11월 23일 제4회 대회 때 대회장을 맡았다.[27]

이와 같이 안재홍은 조선의 전문학교 체육을 장려하는 단체가 미흡한 상황에서 설립된 축구연맹을 후원하고 개최한 대회의 회장을 맡아 조선축구의

---

24) 『조선일보』, 1927년 6월 12일.
25) 『조선일보』, 1926년 2월 1일.
26) 『조선일보』, 1926년 2월 11일.
27) 『조선일보』, 1929년 11월 23일.

발전에 일조를 했다.

(3) 전 경기소년축구대회

전 경기소년축구대회는 조선에서 모든 경기가 성인을 표준삼아 장려, 지도되어 가는 반면 천진난만한 소년들의 적당한 운동 장려가 없어 경기도소년연맹의 주최와 조선일보사의 후원으로 1929년 10월 17일 제1회 대회를 개최했다.[28]

이 대회의 목적은 전 경기소년의 체육정신과 축구기능을 장려하는데 있었으며,[29] 조선일보사 부사장 안재홍은 제1회 대회와 제2회 대회 때 대회장을 맡았다.[30] 이처럼 안재홍은 기존 성인중심의 축구에서 벗어나 소년축구대회를 후원하며 유소년축구의 활성화를 위해 일익을 담당했다.

(4) 경평축구대항전

한국에서 많은 스포츠경기 중 첫 라이벌 전은 경평축구대항전이라고 할 수 있다. 경평축구대항전이 개최된 경위에 대해 한국축구의 선구자 김용식은 "조선일보사 이원용 운동부 기자와 경성의 최정연 변호사가 경평전을 해 보자는 이야기가 나와 경성은 조선축구단과 연희전문학교, 평양은 무오축구단과 숭실중학이 중심이 되어 팀을 구성했다."[31]고 회고했다. 그리고 "축구는 다른 무엇보다도 수입된 경기종목 중에 가장 조선화 및 민중화시키기에 적당하니 축구가 성행되는 자연형세와 겸해 크게 장려할 필요가 있다."[32]는

---

28) 『조선일보』, 1929년 10월 7일.

29) 『조선일보』, 1929년 10월 12일.

30) 『조선일보』, 1929년 10월 19일, 1930년 10월 25일.

31) 윤경현 · 최창신, 『국기 축구 그 찬란한 아침』, 국민체육진흥공단, 1997, 34쪽.

『조선일보』의 사설을 통해서도 엿볼 수 있다.

이처럼 경평축구대항전은 서구의 근대스포츠 중에서 축구가 우리민족에게 가장 적당해 장려할 필요성을 느꼈으며, 또한 조선일보사 기자와 변호사에 의해 대회가 창설되었다고 판단된다.

이리하여 경평축구대항전은 1929년 10월 8일 조선일보사의 주최와 조선체육회의 후원으로 휘문고등보통학교 운동장에서 제1회 대회가 개최되었다. 이 대회에서 당시 조선일보사 부사장인 안재홍은 "금번 경기는 다만 경기회로서만 축복할 것이 아니라 조선의 양 대도회인 평양과 경성 두 도시의 친목을 위해 서로 축복해 마지않는다."[33]는 개회사를 했다. 이를 통해 안재홍은 경평축구대항전을 주최하는 조선일보사의 부사장으로 의미 있는 개회사를 했다는 사실을 알 수 있으며 아마도 이 대회의 개최에도 관여했을 것이라고 추측된다.

한편 경평축구대항전은 조선운동사상에 새로운 광채를 띠우게 하는 동시에 각 방면에 비상한 센세이션을 줄 것이 틀림없다고 했다.[34] 그리고 경평축구대항전은 두 도시간의 대항전이라는 점에서 시민은 물론 전 국민의 뜨거운 관심을 불러일으켰다.[35] 이와 같이 경평축구대항전은 당시 조선사회의 비상한 관심을 끌며 일제강점기 억압받고 있던 우리민족의 단결과 항일정신을 고취시키는 하나의 장(場)으로 그 역할을 했다고 할 수 있겠다.

----

32) 『조선일보』, 1929년 10월 8일.
33) 『조선일보』, 1929년 10월 10일.
34) 『조선일보』, 1929년 10월 7일.
35) 대한축구협회, 『한국축구백년사』, 한국축구발전후원회, 1986, 236쪽.

3) 중앙체육연구소의 회원

중앙체육연구소는 1926년 11월 30일 서상천, 이규현 등에 의해 설립된 조선체력증진법연구회의 후신으로 1930년 개칭된 단체이다. 설립 목적은 조선민족의 건강증진과 체력향상을 도모하는데 있었다.[36] 당시 중앙체육연구소의 프로그램 내용을 보면 다음과 같다.

《중앙체육연구소의 프로그램》
- 교수과목: 보건운동, 각종 체조, 경기, 역기, 기타 일반 체력증진법
- 반 별: 월수금반, 화목토반, 특별반
- 시간: 매일 저녁 7시 반부터 9시 반까지. 단 특별반은 월수금으로 4시 반부터 6시까지
- 효과: 위장병, 신경계통병, 근육계통병 등[37]

이 프로그램을 보면 교수과목, 반 종류, 시간, 효과 등 매우 구체적으로 제시되어 있으며 체계적인 운영을 하고 있음을 알 수 있다. 회원은 500여 명에 달하고 있으며 매월 출석하는 회원은 150명 정도였다. 또한 회원은 교사, 교수, 관리, 외국인, 변호사, 직장인, 학생, 문사(文士) 등이었다.[38]

중앙체육연구소는 설립 목적을 달성하기 위한 일환으로 현대체력증진법(1931), 현대철봉운동법(1934), 역도(1942) 등의 전문서적을 발행했다. 이들 전문서적은 과학적인 이론을 근거로 개인의 건강증진과 운동선수의 체력향상을 도모하기 위한 신체단련법에 중점을 두었다. 안재홍은 현대체력증진법

---

36) 『동아일보』, 1933년 12월 1일.
37) 『조선일보』, 1933년 4월 27일.
38) 『조선일보』, 1933년 4월 27일.

이 발행되었을 때 추천사를 작성했는데 그 내용을 보면 다음과 같다.

> 체력증진법은 인간의 힘 견고화와 강대화에 매우 적합한 수단이 된다.
> 그리고 체력증진법은 동작의 범위가 크지 않아 남녀노소 누구나 가능하고
> 신체 각부의 발육을 유기적으로 가져오며 강인한 신체로 일상생활에 도움
> 이 된다는 요건과 장점을 가지고 있다.[39]

이처럼 안재홍은 현대체력증진법은 국민의 건강증진과 체력향상을 위해 하나의 지침서 역할을 할 것이라고 평가했다. 그리고 안재홍은 체력증진법의 요건과 장점을 3가지로 정리해 구체적으로 제시했다. 첫째, 설비가 간단하고 동작의 범위가 크지 않아 남녀노소 누구나 일상적으로 실행할 수 있다. 둘째, 면밀한 과학적 연습은 신체 각부의 발육과 유기적인 관계를 맺어 건강증진의 결과를 가져와 일반인에게 건강한 신체를 갖게 할뿐만 아니라 각종 운동선수에게도 가장 근본적이며 기초적인 훈련이 될 수 있다. 셋째, 이러한 체력의 적극적인 증진은 일정한 노력을 통해 누구나 강인한 심신을 가지게되어 일상생활에서 여러 도움이 된다는 것이다.[40]

이 추천사의 작성이 계기가 되었는지 당시 안재홍은 자신의 건강과 체력증진을 위해 중앙체육연구소의 회원으로 보건운동, 각종 체조, 역기, 체력증진법 등을 배우고 있었다.[41] 이를 통해 안재홍은 직접 중앙체육연구소의 회원이 되어 자신의 건강증진과 체력향상을 위해 힘쓰고 있었다는 것을 알 수 있다.

---

39) 안재홍, 「서」, 『현대체력증진법』, 중앙체육연구소, 1931, 1쪽.
40) 안재홍, 「서」, 『현대체력증진법』, 중앙체육연구소, 1931, 1-2쪽.
41) 『조선일보』, 1933년 4월 27일.

4) 무도강연

조선유도유단자회 주최와 중앙기독교청년회 후원의 추기 무도강연회가 1935년 11월 8일 중앙기독교청년회 회관에서 개최되었다. 안재홍은 "무도발달의 역사성"이라는 제목으로 강연을 했다.[42] 이 강연은 일반청중을 도취시켰다고 했는데,[43] 아쉽게도 어떤 내용인지에 대해서는 현재 알 수 없다. 앞으로 새로운 사료의 발굴을 통해 반드시 무도강연의 실제 내용을 규명할 필요가 있다고 생각한다.

4. 광복 후 안재홍의 스포츠 활동

여기에서는 안재홍이 광복 후 처음으로 출전하는 런던올림픽대회 후원을 위해 조직된 올림픽후원회 회장을 비롯해 조선체육회 회장과 고문 취임, 감사장 수상, 프로권투연맹 고문 취임 등의 활동에 대해 알아보기로 한다.

1) 올림픽후원회 회장

1948년 런던에서 올림픽대회가 개최된다는 사실을 알게 된 조선체육회는 런던올림픽대회에 반드시 참가하기 위해 대책마련에 몰두했다. 왜냐하면 런던올림픽대회의 참가는 신생 독립국 한국을 국제사회에 알릴 수 있는 절호의 기회라고 생각했기 때문이다.

---

[42] 『조선일보』, 1935년 11월 5일.
[43] 『조선일보』, 1935년 11월 10일.

이리하여 조선체육회는 1946년 6월 6일 올림픽대책위원회의 설립을 거쳐 1947년 5월 7일 조선올림픽위원회(현 대한올림픽위원회)를 설립했다. 그리고 그해 5월 22일 조선올림픽위원회 내에 올림픽준비위원회를 조직했다. 올림픽준비위원회는 사무에 필요한 경비는 물론 올림픽대회 참가에 막대한 경비조달을 위해 1947년 7월 24일 올림픽후원회를 조직했다.[44]

이에 따라 올림픽후원회에서는 런던올림픽대회 대표선수단의 경비를 충당하기 위해 액면가 100원의 올림픽후원권 140만 장을 전국에서 발행하기로 했다.[45] 당첨금은 1등 100만 원 1장, 2등 50만 원 2장, 3등 10만 원 3장, 4등 5만 원 5장, 5등 1만 원 10장이었다.[46] 또한 올림픽후원회 서울지부에서는 올림픽후원권 발매를 적극 추진하기 위해 표어를 공모했는데 "사자 후원권 보내자 우리선수"가 1등에 당선되었다.[47]

당시 신문에 실린 올림픽후원권 발매 광고를 보면 발매기한은 1월 5일부터 1월 말일까지이고 발매장소는 서울시청, 시내 각 백화점과 은행, 금융조합이었다. 추첨일은 1948년 2월 15일, 당첨자 정식발표는 1948년 3월 20일 올림픽후원회 서울지부로 되어 있었다.[48]

여기서 당시 발행된 올림픽후원권을 보면 〈그림 1〉과 같다. 올림픽후원권 앞면에는 가운데 조선올림픽위원회 엠블럼과 올림픽후원권이라 되어 있고 오른쪽에는 번호와 액면가 100원, 그 아래에 올림픽후원회 회장 안재홍이라 되어 있다. 왼쪽에는 조선올림픽위원회 부위원장으로서 국제올림픽위원회(IOC) 가입을 위해 1947년 5월 스웨덴 스톡홀름에서 개최되는 IOC총회에 가

[44] ⅩⅣ올림픽준비위원회・올림픽후원회, 『올림픽소책』, 1947, 40쪽.
[45] 『현대일보』, 1947년 12월 10일.
[46] 『동아일보』, 1947년 12월 11일.
[47] 『한성일보』, 1948년 1월 9일.
[48] 『조선일보』, 1948년 1월 4일.

던 도중 비행기 추락으로 순직한 전경무를 추모하는 사진이 있다.

뒷면에는 올림픽후원권의 발행목적, 당첨금 내역, 발행일, 발매기한, 추첨일 및 장소, 당첨번호 발표 등에 대한 내용이 자세하게 설명되어 있으며 발행 책임자는 올림픽후원회 회장 안재홍이라 되어 있다. 그리고 올림픽후원권 발매 시 1장에 대해 올림픽 참가기념 우표 2장을 첨부해 증정하고 한꺼번에 100장 이상을 구매할 때는 올림픽 기념장을 증정한다고 했다. 그런데 실제로 는 사정에 의해 중지되었는데 이는 아마도 기념우표 판매수입과 올림픽 기 념장 제작비를 줄여 올림픽 참가비용에 충당하기 위해서였다고 생각된다.

〈그림 1〉 올림픽후원권의 앞면과 뒷면(손환 소장)

이 올림픽후원권은 한국 최초의 스포츠복권으로서 "가乙 NO.000001"은 현재 태릉의 한국체육박물관에 소장되어 있는데 2012년 4월 18일 체육사적 가치를 인정받아 문화재청에 국가등록문화재 제490호로 등록되었다.

한편 올림픽후원회에서는 스포츠문화 발달과 올림픽후원 기금을 조달하기 위해 다음과 같이 한국에서 처음으로 제작한 스포츠영화와 악극 등의 상영도 거행했다. 서윤복 선수 승리의 기록영화 제51회 보스턴마라톤대회의 실황과 한국에서 처음으로 제작한 스포츠영화 "패자의 수도"를 시공관에서 2월 1일부터 1주일간 상영했으며, 또한 조선악극단에서도 "은가락지" 12경을 상영한다고 했다.[49]

2) 1일 천하로 끝난 조선체육회 회장

조선체육회는 1948년 9월 3일 YMCA에서 임시평의원회를 개최하고 제14회 올림픽대회 경과보고, 최고 실행위원회의 보고, 조선체육회 간부 총사직의 건, 조선체육회 헌장개정의 건 등 중요사항을 의제로 했다. 이 자리에서 조선체육회 간부의 총사직을 수리했다.[50]

이에 회장, 부회장을 선출하자는 동의가 가결되어 5명의 전형위원이 회장에 조병옥, 안재홍, 부회장에 김동성, 서상옥, 신기준, 유진산을 선정해 투표한 결과 회장에 안재홍, 부회장에 김동성, 신기준이 선임되었다.[51] 여기서 조선체육회 간부의 총사직을 안건으로 다룬 이유는 다음의 내용을 통해 알 수 있다.

49) 『조선일보』, 1948년 1월 29일, 『경향신문』, 1948년 2월 1일.
50) 『평화일보』, 1948년 9월 5일.
51) 『서울신문』, 1948년 9월 5일.

1948년 6월 14일 오후 2시 YMCA에서 개최된 임시평의원회에서는 올림픽 파견 임원, 선수의 인선을 둘러싸고 불미스러운 일이 있어 집행부에서는 총사퇴를 표명했으나 이미 단장이하 파견인선이 끝났던 때라 이 처리를 선수단 귀국 후에 미루기로 했으며.[52]

이와 같이 조선체육회는 런던올림픽대회에 파견하는 임원과 선수의 선발에 있어 학연, 지연 등의 문제로 잡음이 일어나 결국 총사퇴를 한 것으로 보인다.

임시평의원회는 다음날 계속되었는데 전날 의결된 회장과 부회장에 대해 적임자가 아니라는 여러 가지 조건을 들고 다시 개선하자는 강력한 발언과 동의가 있어 이 문제로 시비논란이 대두되어 결국 전날의 결정을 백지로 했다. 그리하여 무기명 투표로 회장에 신익희, 부회장에 옥선진, 김동성이 결정되었다.[53]

이 내용을 통해 안재홍이 조선체육회 회장에 선정되었으나 취임도 하기전 백지화가 되어 다시 선거를 했다는 사실에서 당시 조선체육회가 내부적으로 얼마나 많은 문제점을 가지고 있었는지 알 수 있다.

이에 대해 안재홍은 "나는 체육회장 될 의사가 전연 없었다. 동 회장 선거 취소로 인해 바쁜 나에게 성가신 짐이 하나 경감된 것은 다행이라고 생각한다."고 하면서 다만 체육정신을 사명으로 삼아야 할 체육회에서 정파적 모략이 진행되고 있다는 것은 재미없는 일이라고 했다.[54]

....

52) 민관식, 『대한체육회 50년』, 대한체육회, 1970, 270쪽.
53) 『서울신문』, 1948년 9월 7일.
54) 『세계일보』, 1948년 9월 8일.

3) 기타 활동

1945년 8월 15일 광복을 맞이한 한국은 즉시 조선체육회의 재건을 위해 조선체육동지회를 설립했다. 조선체육동지회는 그해 9월 27일 조선의 운동가를 망라해서 이상백을 위원장으로 추대하고 건민운동을 전개하며 새로운 활동을 할 목적으로 설립되었다.[55] 이처럼 조선체육동지회는 조선스포츠계의 권위자를 총망라해 건전한 국민을 양성하기 위해 설립되었는데 실제로는 일제강점기 일제에 의해 강제로 해산당한 조선체육회의 재건에 있었다고 생각된다. 이러한 사실은 조선체육동지회가 1945년 11월 12일 중앙기독교청년회 회관에서 총회를 개최하고 만장일치로 여운형을 조선체육회 회장에 추대한 것을 통해 알 수 있다.[56] 이와 같이 조선체육회는 광복 후 사회적으로 어수선한 분위기 속에서 약 3개월 만에 재건되었다. 이는 조선체육회가 일제강점기 때와 마찬가지로 스포츠를 통해 우리국민을 하나로 결집시키는 역할을 할 것이라고 판단했기 때문이다.

이러한 상황에서 1946년 2월 26일 조선체육회는 임원을 보강하기 위해 안재홍을 비롯해 8명을 고문에 추대했다.[57] 또한 1949년 10월 15일 대한체육회 창립 30주년 기념 전국체육대회 때 부민회관 대강당에서 188명에 대해 공로 표창이 있었는데 안재홍은 그동안의 공로를 인정받아 감사장을 수상했다.[58] 그리고 안재홍은 1947년 3월 20일 전 조선프로권투연맹 정기총회에서 방응모, 양근환, 이선근과 함께 고문에 선정되었다.[59]

---

[55] 『해방뉴스』, 1945년 9월 27일.
[56] 『중앙신문』, 1945년 11월 14일.
[57] 민관식, 『대한체육회사』, 대한체육회, 1965, 241쪽.
[58] 위의 책, 242-243쪽.
[59] 『동아일보』, 1947년 3월 28일.

이와 같이 안재홍은 광복 후 조선스포츠계를 리드했던 조선체육회의 고문은 물론 공로표창도 받았다. 그밖에 프로권투연맹 고문에도 선정되는 등 그동안 한국스포츠의 발전을 위해 기여한 공로를 평가받았다.

5. 안재홍의 스포츠사상

안재홍의 스포츠에 대한 생각은 그가 남긴 글을 통해 엿볼 수 있는데 그 내용에 따라 국가관과 건강관으로 나누어 볼 수 있다. 여기에서는 이들 내용에 대해 알아보기로 한다.

1) 국가관

안재홍은 억센 조선의 건설은 조선인의 구호가 되어야 하며 그것은 민중보건운동의 목적의식에서 비롯되어야 한다고 했다. 그리고 민중보건을 위해 민중적 영양은 물론 집단적 훈련방법으로 신체의 억센 발육과 진취적인 기백, 협동연대의 정신을 고취시켜야 한다고 했다.[60] 그러면서 외국의 좋은 사례를 들며 다음과 같이 언급했다.

> 세계에서 현재 조선사회의 사정과 유사하면서 민중체육의 창설 및 보급으로 민중보건의 요구를 만족시킨 국민이 있으니 체코의 소콜 운동과 덴마크의 국민체조는 좋은 예이며 조선의 지식인 또한 이 양자를 조술연찬(祖述研鑽)하는 이유가 여기 있다.[61]

---

[60] 안재홍, 「서」, 『정말체조법』, 삼천리사, 1932, 15쪽.

이들 내용을 보면 안재홍은 억세 조선을 건설하기 위해 신체의 억센 발육과 진취적인 기백, 협동연대의 정신을 고취시키는 민중보건운동의 필요성을 강조했으며 조선의 지식인은 조선사회의 사정과 비슷한 체코와 덴마크의 예를 본받아 깊이 연구할 것을 주장했다.

2) 건강관

안재홍은 건강을 위해 첫째 불연(不烟), 불주(不酒), 불잡기(不雜技)를 원칙으로 하고, 둘째 여가를 얻으면 등산, 산책에 취미를 붙여 기분을 전환하고, 셋째 예수, 부처, 노자, 장자 등 세속에서 벗어난 문장을 잘 생각해 심신의 정체를 풀어버린다고 자신의 건강법을 소개했다.[62] 이를 통해 안재홍은 담배, 술, 잡기를 멀리하고 여가생활로 기분전환을 하며 옛 성현의 말씀을 새겨 심신의 안정을 찾는다는 것을 알 수 있다.

그리고 마음과 몸은 하나라는 심신일원론(心身一元論)을 주장하며 고대 우리선조의 제천의식이 "심신일원=나"를 중심으로 삼아 나라를 수호하고 발전시키고 강화해 번영, 발전을 도모했다고 강조했다.[63] 이처럼 안재홍은 개인의 심신 건강이 국가의 부강과 번영으로 이어진다고 했다.

---

[61] 위의 책.

[62] 안재홍, 「정력의 절약」, 『동광 』 29, 동광사, 1931, 84-85쪽.

[63] 안재홍, 「체육문화와 민족문화」, 『체육문화』 창간호, 체육문화사, 1948, 12-13쪽.

6. 나오며

안재홍이 한국근대스포츠의 발전에 미친 영향을 파악보기 위해 안재홍의 생애, 일제강점기 스포츠 활동, 광복 후 스포츠 활동, 스포츠사상에 초점을 맞추어 검토한 결과 다음과 같이 정리할 수 있다.

첫째, 안재홍은 일제의 국권침탈 시기에 태어나 일본유학에서 형성된 민족의식을 바탕으로 언론사, 항일단체의 활동을 통해 민족운동을 전개했다. 이러한 민족운동은 광복 후에도 민정장관, 민의원 등의 활동을 하면서 계속 이어졌으며 평생 민족과 국가를 위해 헌신하는 애국자의 삶을 살았다.

둘째, 안재홍의 일제강점기 스포츠 활동은 스포츠단체의 회장, 정구와 축구 등의 각종경기대회를 주관하는 대회장과 대회사, 무도강연을 했으며. 또한 자신의 건강증진과 체력향상을 위해 중앙체육연구소 회원으로도 활동을 했다. 이러한 활동은 자신의 건강뿐만 아니라 조선스포츠의 발전을 위해 행해졌다.

셋째, 안재홍의 광복 후 스포츠 활동은 대한민국을 국제사회에 알릴 수 있는 런던올림픽대회에 출전하는 선수단의 경비마련을 위해 조직된 올림픽후원회 회장을 맡아 한국 최초로 올림픽후원권을 발행했다. 그리고 비록 1일 천하로 끝났지만 조선체육회 회장을 비롯해 그동안의 공로를 인정받아 스포츠단체의 고문, 감사장을 수상하기도 했다.

넷째, 안재홍은 억센 조선을 건설하기 위해 신체의 발육과 진취적인 기백, 협동연대의 정신을 고취시키는 민중보건운동의 필요성을 강조했으며 이를 위해 조선의 지식인은 외국의 사례를 깊이 연구할 것을 주장했다. 그리고 건강을 위해 금욕생활과 여가활동, 옛 성현의 말씀을 통해 심신의 안정을 도모하고, 나아가 우리선조가 국가를 지키고 강화해 번영, 발전을 도모하는

데 근간이 된 심신일원의 중요성을 강조했다.

이상과 같이 안재홍은 격동의 한국근대사 속에서 민중의 세상을 만들기 위해 독립운동가, 언론인, 정치가로서 평생 조국과 민족을 위해 헌신한 인물이었다. 그뿐만 아니라 스포츠행정가로서 각종경기대회의 개최와 후원, 올림픽대회의 참가 후원, 그리고 청소년스포츠의 장려에도 앞장서며 한국스포츠의 질적 향상을 도모하기 위해 많은 공헌을 했다.

이처럼 민족지도자가 다양한 스포츠 활동을 했다는 것은 지금까지 한국스포츠사에서 매우 보기 드문 일로서 그 의미는 크다고 할 수 있으며 특기할만한 사실이라고 할 수 있겠다.

참고문헌

1. 올림픽후훤권
올림픽후원회, 『올림픽후원권』, 1948.

2. 신문
『경향신문』, 『동아일보』, 『서울신문』, 『세계일보』, 『조선일보』, 『중앙신문』,
『평화일보』, 『해방뉴스』, 『한성일보』, 『현대일보』

3. 잡지
『동광』, 『삼천리』, 『체육문화』

4. 단행본
대한축구협회, 『한국축구백년사』, 한국축구발전후원회, 1986.
민관식, 『대한체육회사』, 대한체육회, 1965.
민관식, 『대한체육회 50년』, 대한체육회, 1970.
박상하, 『경성상계』, 생각의 나무, 2008.
안재홍, 「서」, 『현대체력증진법』, 중앙체육연구소, 1931.
안재홍, 「서」, 『정말체조법』, 삼천리사, 1932.
윤경현 · 최창신, 『국기 축구 그 찬란한 아침』, 국민체육진흥공단, 1997.
ⅩⅣ올림픽준비위원회 · 올림픽후원회, 『올림픽소책』, 1947.

필자소개

┃김인식┃

중앙대학교 다빈치교양대학 교수

┃윤대식┃

한국외국어대학교 미네르바교양대학 교수

┃오영섭┃

이승만건국대통령기념사업회 연구실장

┃방유미┃

경희대학교 국제한국언어문화학과 박사과정 수료

┃손환┃

중앙대학교 사범대학 체육교육과 교수

┃하정희┃

순천향대학교 향설나눔대학 조교수